リモートチームでうまくいく

マネジメントの"常識"を変える新しいワークスタイル

REMOTE TEAM

倉貫義人
KURANUKI YOSHIHITO

日本実業出版社

はじめに

本書は、従来の日本人の働き方であった、社員全員が毎日当たり前に会社に通勤して、そこで顔を合わせて会議なり仕事なりをするようなワークスタイルに対して、新しい会社のあり方であり、新しいワークスタイルでもある「リモートチーム」を提案するものです。このリモートチームという働き方の提案はすべて、私たちの会社で実践し成果を上げてきたものです。

今、オフィスに通勤をしなくても働くことのできるワークスタイル「リモートワーク」が注目を集めています。インターネットを通じて不特定多数の人へ、仕事の応募から依頼までのマッチングができる「クラウドソーシング」と呼ばれるサービスが台頭してきたことによって、地方などの離れた場所にいたままでも仕事ができる人たちが増えてきたからです。

ただし、その多くは、事前に決められた仕事やプロジェクト単位で契約するフリーランスです。その一方で、会社に所属する人たちは相変わらず、特定の場所にあるオフィスまで通勤して働いています。本書で提案したいのは、そうした会社やチームに所属する人たちでも、好きな場所に住んで、通勤しないでも働けるようなワークスタイルです。

本書の主題は「チームとしてのリモートワーク」です。本書では、そうしたリモートワークを前提したチームのことを「リモートチーム」と呼んでいます。

リモートチームを取り入れることで、会社に所属することで得られる安定した仕事と、切磋琢磨しつつ助け合える仲間の存在、そして自分の好きな場所で働ける自由の両立を実現することができます。

私たちの会社ソニックガーデンはソフトウェア開発を主な事業にしています。東京にオフィスがあるので、そこに通勤して働くメンバーがいる一方で、半数近くのメンバーは全国各地にいて在宅勤務をしています。かといって彼らの仕事内容や働き方、契約形態などはオフィスで働くメンバーとなんら違いはありません。

むしろ、地方に住んで自宅で仕事をしている彼らは、通勤時間はゼロで満員電車に乗ることもありません。自然に囲まれて、通勤にかかる時間を家族との時間にあてることができ、通勤ラッシュで受けるストレスなど一切ありません。だからといって仕事や職種を我慢することはなく、自分のやりたい職業を選ぶことができています。そんな、生きることと働くことの両方に妥協をしない彼らの働き方は理想的といえます。

このように全国各地にメンバーが分散していながらも、チームとして成果を出していくためには、これまでとは違ったマネジメントやコミュニケーションのやり方が求められます。私たちが5年以上の間、実際に導入して試行錯誤をしてきた経験から得られた、うまくやるための知恵や工夫、ノウハウを伝えることが本書の狙いになります。

私たちの会社でリモートチームに取り組んでこられた背景には**「納品のない受託開発」というビジネスモデル**の存在があります。ソフトウェアの受託開発ビジネスから「納品」という商習慣をなくすことで、これまで業界で起きていた様々な問題を解決することができると考えて、独自に築き上げた受託開発の新しいビジネスモデルです。

「納品のない受託開発」は、顧問税理士や顧問弁護士にも似た「顧問」の形でソフトウェア開発のプロフェッショナルが顧客を担当して、事業の相談から開発、運用まですべて任せていただいて、顧客のビジネスの成長をＩＴで支援していくサービスです。このサービスでは金額の見積もりをなくし、月額定額で継続的にサービスを提供します。そして、働く時間を約束するのではなく、毎週の打合せでの問題解決と、安定的に開発し運用していくことを価値として提供します。

言うなれば、顧客の相談に乗るコンサルタントと、ソフトウェアを作るプログラマーがひとつになったようなサービスです。時間契約ではないので普段から客先に行って仕事をすることはなく、顧客との打合せもオンラインで行っています。このビジネスモデルについては、拙著『「納品」をなくせばうまくいく』に詳しいので、そちらを参照していただければ幸いです。

もともと私たちはリモートチームを実現することを目的にしてきたわけではありません。受託開発のあり方を変えたいと考えて、時間と場所に縛られない「納品のない受託開発」というビジネスモデルを追究した結果として、リモートチームで仕事ができるようになりました。

そして離れた場所にいる人たちでチームを組んでも成果が出せるように、これまでの仕事の仕方を変えていったことから見えてきたのは、いわばマネジメントの本質でした。リモートワークやリモートチームだけを見ると一過性のブームのように映るかもしれませんが、それは氷山の一角に過ぎず、じつはマネジメントと生産性に変革をもたらすヒントがたくさん隠されているのです。

リモートワークやリモートチームを実践、導入するかどうかはさておいても、本書を通じて新しいマネジメントとワークスタイルを実現するためのインスピレーションを受け取っていただけたとしたら、著者としてこれほどうれしいことはありません。

２０１５年11月

倉貫義人

リモートチームでうまくいく◆目　次

第2章 リモートチームが実践している習慣と環境づくり

第4章 リモートチームで変わるマネジメント

第5章 リモートチームで変わるワークスタイル

第7章 リモートチームに至るまでの道のり

装丁・章扉デザイン／E Branch 冨澤崇・DTP／一企画

第1章 CHAPTER 1

リモートチームという古くて新しい働き方

REMOTE TEAM

インターネットが登場して以降、人々の働き方は格段に多様化しています。「リモートワーク」もそのひとつです。わざわざ全員がオフィスに集まらなくても、仕事を遂行することができる環境が整いつつあります。これまでのような外注や請負先としての仕事に限らず、チームとして協働しながら成果を出す仕事でも、リモートワークで実現できるようになりました。

1 もはやリモートワークは特別な働き方ではない

私たちの会社では、東京のオフィスで働く社員と、地方に住んで在宅勤務で働く社員が、ほぼ同じ人数います。そして彼らがオフィスでする仕事と在宅勤務でする仕事の内容には、まったく違いがありません。どこで働いてもよい会社なのです。

そのため、オフィスに通える社員であっても自身のそのときの状況に応じて、自宅で仕事をすることもあります。たとえば家族が病気のときや、お子さんがまだ小さいとき、台風や地震で通勤が困難なときなど、社員たちは自分で自由に判断して働く場所を選んでいます。その際に特別な申請や承認などは必要としません。オフィスで働いてもよいし、家で働いてもよいし、旅行しながら働いてもよいとしています。私たちにとっては誰もが働く場所を好きなように選べることが当たり前となっています。

このような「場所にとらわれない」ワークスタイルを「リモートワーク」と呼びます。

リモートワークに踏み切れないのはメンタルの問題!?

リモートワークで働く人たち同士のコミュニケーションは、すべてインターネットのツールを使って行います。ノートパソコンがあって、インターネットにさえつなぐことができれば、どこにいても仕事はできます。

メールやチャットだけでなく、今では物理的に会わなくても仕事を進めることができるツールやサービスが多く登場していますし、どれも安価で無料のものさえあります。その他のリモートワークのための特別な機器や設備は必要ありません。以前に比べて、リモートワークを実現するためのコストは圧倒的に下がりました。

それでも、もしリモートワークができないというならば、それはこれまでの常識にとらわれた考え方や、企業の制度やカルチャーなどが問題なのです。

総務省もテレワーク推進という名目で、ＩＣＴ技術の活用で場所と時間にとらわれない柔軟な働き方の拡大を目指すとしています。それはつまり、日本全体の課題である生産性の向上、労働力の不足、介護にかかる問題、少子高齢化や地域活性化など、様々な課題解決につながるもののひとつだと期待されているからでしょう。

2 リモートワークに適したビジネス

リモートワークは、残念ながらどんな職種でも実現できるわけではありません。現場での物理的な作業が伴う仕事や、その場所にいることに価値があるような受付や接客の仕事では、考えるまでもなくリモートワークは不可能です。

リモートワークができる仕事の種類は、やはり頭とコンピューターを使ってする仕事です。たとえばライターやイラストレーターなど、これらはリモートワークが可能でしょう。仕事の成果物がデジタルで表現できるからです。これまでは、そういった仕事でも打合せなどは顔を合わせてする、ということが多かったかもしれませんが、今やその打合せですら、インターネット越しに実現できるようになりました。

ナレッジワーカーはリモートワーク向き

リモートワークに最も向いているのは、移動すること自体が本質的な価値を生み出さないような職種です。これから先、特にリモートワークで注目される仕事は、誰かの難しい問題を解決するようなコンサルティングだったり、ゼロから新しいものを作り出すクリエイティブな仕事です。

ピーター・ドラッカーの提唱する**知識労働者《ナレッジワーカー》の仕事は、リモートワークと非常に相性がよい**のです。高度に専門化された知識を持ち、肉体労働でなく知識や情報によって企業や社会に貢献する知識労働者は、リモートワークでもその提供する本質的な価値が失われることはありません。

たとえばリモートワークを実践している私たちの会社では、ソフトウェア開発をビジネスにしていて、自分たちで企画したソフトウェアを開発・販売する事業と、顧客に求められたソフトウェアの開発と運用を請け負う受託開発の2つの事業を主に展開しています。

私たちが属しているソフトウェア開発業界におけるエンジニアの働き方こそ、リモートワークに適した仕事の最たるものです。ソフトウェア開発では、物理的な原材料があるわけでもなく、現場での肉体的な作業もなく、成果物もデジタルで表現することができます。なにより関わる人たちのＩＴリテラシーも高く、リモートワークができる条件は整っています。

もちろん実際には、多くのソフトウェア開発現場ではセキュリティや契約などといった様々な制約があって、リモートワークを導入するのは難しいかもしれません。しかし、その仕事の本質を考えれば、ソフトウェア開発はリモートワークに適しているため、先進的な企業ではすでに取り組みを始めています。

3
外注のリモートワークから社員のリモートワークへ

クラウドソーシングの可能性と問題点

これまでの一般的なリモートワークのイメージは、個人で働くフリーランスの人が、東京や地方などの場所にとらわれることなく、クライアントから発注された仕事ができる、というものではないでしょうか。

一時期注目を集めた「ノマド」という働き方も、一種のリモートワークといえますが、ノマドには会社から独立して、フリーランスになって働くという意味合いも多少は込められていたように思います。

実際、前述したクラウドソーシングの普及に伴って、地方にいるフリーランスでも実力さえあれば、仕事の口が多く、また単価の高い東京の仕事を受けることができるようになってきました。フリーランスにとって大きな可能性を秘めているのがクラウドソーシングです。

一方で、その仕事の形態はあくまで外注先としての請負仕事となります。ある程度の仕事の内容が決められた上で、その枠の中で自分のスキルを発揮することで仕事として成立しています。どういった仕事をしてもらうのかを決めるのは、発注側の仕事になります。

そのような発注側の、そもそも会社として事業のために何をすべきか、その仕事を決める意思決定は誰がするのでしょうか。それは、当然ながら、発注する会社の社員の仕事になります。つまり、企画を立てる前の混沌とした状態から、仕事そのものを定義していくような仕事をする人が別個に必要なのです。

アウトソースでできないことをリモートで行う

そうしたクラウドソーシングを利用して発注する側の仕事は、これまではリモートワークできるかどうかの観点からは、あまり注目されてきませんでした。やはり、そうした会社の中にいて協調しなければならないような仕事は、「同じ場所にいて一緒に働かなければできない仕事」だと考えられていたのかもしれません。

しかし、顔を合わせて一緒に働いて、相談しながら作り上げていくような仕事であっても、離れた場所でやっていくことができる——これこそが、本当のリモートワークだと私は考えます。**アウトソースできないような仕事をリモートワークで実現することこそが、これから求められる新しい働き方**なのです。

4 離れていても〝一緒〟に働くリモートチーム

リモートとチームは水と油なのか？

アウトソース先とのリモートワークの関係ではなく、それぞれがひとつの会社の仲間として互いに相談しながら、仕事そのものを模索しつつ、価値と成果を一緒に作り出していくチーム、それをリモートワークで実現するためのスタイルを、私たちは「リモートチーム」と呼んでいます。

リモートチームで実現するのは、たとえメンバー各人が離れていても、オフィスで一緒に働くのと同じように仕事をするスタイルです。これまでのように会社に来て、顔と顔を合わせて打合せをしたり、相互にコミュニケーションを取ったりしながら仕事をするのとなんら変わりありません。

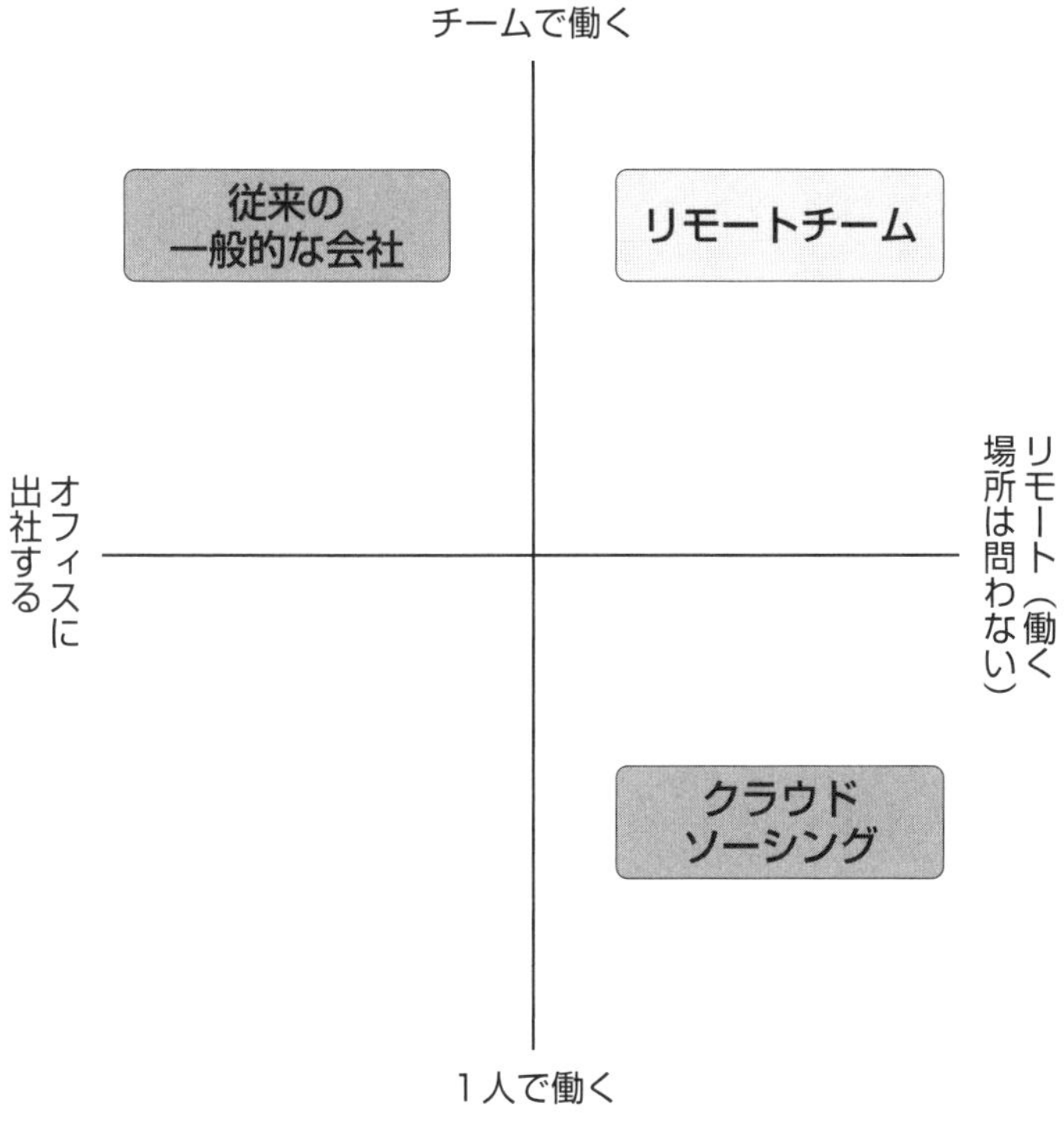

◆◆オフィスに集合してチームで働くのは「一般的な会社」（左上）。オフィスに出社せず1人でリモートワークするのは「クラウドソーシング」（右下）。「リモートチーム」は、文字通りリモートワークでありながらチームで協働するもの

オフィスで働くのも離れた場所で働くのも、チームで取り組む仕事の本質は同じなのです。それはチームで助け合い、補い合うことで、個人の足し算で出す以上の成果を生み出すことです。そのためにも信頼関係に基づく「チームワーク」は非常に重要です。

同じオフィスにいれば、チームワークは自然にできるのか？

この「リモートワーク」と「チームワーク」という、一見すると相容れない要素に対して、私たちはこれまで長い時間をかけて取り組んできました。新しいツールを試してみたり、マネジメントの方法を変えてみたり、様々な手段を試みてきました。

その過程でひとつわかったことは、同じオフィスで働いているからといってチームワークが自然に醸成されるわけではなく、チームワークを高めるための特別な努力や工夫が欠かせないということです。したがって、リモートチームの場合でもリモートチームに適した手段で、そうした努力や工夫を考える必要があるのです。

リモートワークを駆使して住む場所や働く場所に関係なくチームを組んで一緒に働く。その上で、**チームワークの本質を変えることなく働けるワークスタイルを実現する**。それが私たちの考える「リモートチーム」の姿なのです。

5 リモートワークでも〝チーム〟で働く意味

リモートワークをする人たちがすべてフリーランスのように一人でやっていけるかといえばそうではありません。**会社に所属することにはそれなりの意味**があります。

フリーランスは安定して仕事を得ることが非常に大変になります。たった一人で、報酬を得るための仕事をすることと、新しい仕事を得るための営業活動を同時にしなければならないからです。しかし、人には得意・不得意があります。一人の人間がすべての苦手を克服して、また病気すらせず、1日たりとも休まずに仕事を担当することには無理があります。

チームでこそリモート、リモートでこそチーム

会社に所属していれば、役割分担をすることで得意な仕事に集中できるし、売上や利益

をシェアすることで安定した報酬を得られるようになります。働いた分をすべて総取りすることはできなくなりますが、それはお互いが困ったときに助け合える状況とのトレードオフになります。

さらに、チームとして活動することで、顧客に対してより大きな安心と安定という価値を提供することができます。また同じ仕事をする仲間同士で情報や知の共有をしてスキルを切磋琢磨し合うことが可能になり、チームの将来を担ってくれる後進を育てる余裕も生まれるのです。

リモートチームは、そんなチームとしての利点を、離れた場所で働きながら実現することができます。ただし、前提として同じオフィスで働かないわけですから、よりいっそうチームワークを大切にしなければならないのです。

リモートチームのメンバー同士は発注―外注の関係ではありませんから、仕事中はオフィスにいるのと同じように、**いつでも相談や雑談ができて、ときには利害関係を超えて助け合えるかどうか**、という点が非常に重要になります。そのベースにあるのは、人間として尊敬し合える関係を作れるかどうかなのです。

6

時間の節約による生産性アップ

リモートチームを採用することによる最もわかりやすい効果は、**時間の節約による生産性の向上**です。これまでの働き方での仕事中の移動時間や待ち時間など、どうしてもかかっていた時間が、リモートワークを導入することでなくなり、その時間を生産的な仕事にまわすことができるようになります。

在宅勤務をすれば当然ですが、通勤時間がゼロになります。ゼロになるのは時間だけでなく、通勤に伴う満員電車内での疲労や、電車の遅延、車の渋滞などによるストレスなどがなくなるのです。通勤によるこうした疲労やストレスがないままで、一日の仕事を始めることができます。

リモートでは会議や出張の概念が変わる

チームで仕事をするとなると、会議やミーティングは必須です。これまでのオフィスでする仕事であれば、チーム内や顧客とのミーティングを開くには、事前に出席者の都合のよい日時を調整して会議室を予約するなど、人の調整だけでなく場所も調整する必要があり、それが非常に手間でした。

しかし、リモートチームでのミーティングは各自のパソコンを使ってインターネットを介したオンラインで行われるため、会議室が不要になります。調整しなければならないのは人の時間だけです。また、会議室への移動時間もないため、ミーティングの直前まで他の仕事をすることができます。

会議室を予約して使うとき、仮に1時間の予約をしていたら、もし用件が早めに終わったとしても、なんとなく時間いっぱいまでミーティングをしてしまう、といったことになりがちです。その点、オンラインでのミーティングなら、用件さえ済めばサッと終われるため、時間の節約になります。

また、チームでリモートワークが当たり前になってくると、出張の概念も変わります。

出張に行っても、出先でインターネットにつないで仕事をすれば、それは普段と同じ条件です。出張に行くからといって、チームの仕事に待ち時間が発生することがないのです。

リモートワークを始めると、働く人の意識も変わってきます。オフィスに行きさえすれば仕事をしているとみなされる状態ではなくなります。成果を出さなければ、仕事をしていないのと同じなのです。**リモートワークでは、〝働いているフリ〟はできない**のです。結果、よりいっそう**成果を意識した働き方をメンバーに促すことになり、チーム全体の生産性を高めることになる**のです。

7 自分の生活に合わせた働き方が選べる

リモートワークは仕事の生産性だけを上げるものではありません。通勤や移動をなくして節約できた時間を、家族との時間や個人的な時間にあてることも可能です。つまり、自分の**ライフスタイルに応じた働き方を実現することができる**のです。

たとえば私たちの会社では、リモートで働くメンバーたちは、仕事の途中で子供の送り迎えに行ったり、洗濯物を取り込んだりするといったことは日常的にやっています。これは、別に短時間勤務というわけではなく、仕事としてはしっかりと成果を出せるだけの時間を働いています。

私たちの会社では、勤務時間の縛りをなくしていて、そもそも出退勤時間の厳密な規定などはありません。もちろんチームで仕事をすることが前提なので、他のメンバーとのコミュニケーションや、共同作業をする上で迷惑をかけないように、誰もがだいたい同じ時間帯に働きますが、そのことは絶対ではありません。**自分で仕事の「オン」と「オフ」をコントロールできる**のです。

リモートチームにおける「仕事中」とは？

リモートチームでは「仕事中」という概念が少し変わります。これまではオフィスで仕事をするので、オフィスにいる間が「オン」で、家にいるときが「オフ」であり、オンとオフの切り替えは出勤と退勤のタイミングしかありませんでした。しかし、**リモートワークの場合は日中の時間で何度でもオンとオフを切り替えることができます。**

朝から昼まで働いて昼食は家族と過ごすとしたら、その昼食の時間は家族との生活の時間です。そしてまた午後から仕事の時間になります。どうしても仕事が溜まっているときなどは、家族と夕食をとってから、また少し仕事をする。そんな生活と仕事が混ざり合った働き方が可能になります。

また、人によっては子育てや介護といった家庭の事情から短時間勤務の形態を望むような状況もあるでしょう。そうしたとき、従来のオフィス勤務では、仮に1〜2時間も通勤時間がかかるとしたら1〜2時間勤務では時間がもったいないので、ある程度の時間はまとめて働かないと意味がなくなってしまうケースもあります。こうした状況も、リモートワークにすることで通勤時間のことを気にせずに働く時間を柔軟に決めることができます。

もちろん、必ずしもそういった家庭の事情を優先した働き方をする人ばかりではありません。もっとバリバリと働きたいという人もいるでしょう。そういう働き方でも、リモートワークであれば、柔軟に対応できるのです。つまり、**自分の望むライフスタイルに合わせてワークスタイルを選ぶ**ことができるのが、リモートワークのメリットなのです。

8

場所を気にせず気の合う仲間と一緒に働ける

リモートワークは、その形で働く個人だけにメリットがあるわけではありません。会社やチームにとっても大きなメリットがあります。それは、**優秀な人材であれば、当人の居住地など場所にとらわれずに採用することができる**、ということです。

これまでの一般的な採用条件といえば、通勤可能な範囲に居住していることが求められました。採用する側も応募する側も通勤にかかる時間を度外視するわけにはいきませんが、リモートワークを前提とすれば、その制約をなくすことができます。

自社が魅力的な会社でありさえすれば、会社の所在地や本人の住む場所がハンディになることなく、一気に求人の募集対象が広くなります。今の時代、どんな企業にとっても優秀な人材の確保は最も重要な経営課題のひとつです。

「リモートワーク可」が求人広告の売りになる

リモートワークを実践している私たちの会社の採用でも、ちょうど働き盛りに家庭をもって、子供ができたため地元に帰って子育てをしたいけれど、自分が好きで得意とする仕事が地方にはないという理由で応募してくる人が少なくありません。

生活を取るか仕事を取るか、二者択一を迫られた結果、前職の会社を仕方なく辞めたという人もいます。しかし、リモートワークができれば、そうした人たちが会社を辞めずに済むのです。そう考えると、求人側にしてみると、**リモートワークできることが応募者への訴求点になる**のは間違いありません。

地方にいたり、介護や子育てのために通勤が難しいような状況であっても、自分の働きたいと思う会社で、働きたいと思える仲間たちとの仕事を選ぶことができるのです。今いる会社で働き続けたいけれど、地元の地方都市に戻るといった理由で会社を辞めなければならないということがなくなるのです。

自分の好きな場所に住んで、自分に合ったライフスタイルを変えずに働けること。自分が好きで得意な仕事を価値観の合う人たちとチームを組んで一緒に働けること――。どれひとつ諦めることもなく、それらを両立できることこそが、リモートチームのメリットです。

リモートワークのよさを語るとき、どうしても個人の時間の使い方、企業の採用や生産性の話になりがちですが、私たちの経験上、**会社の選び方、つまり「誰と働くか」について選択肢が広がることが最大のメリット**だと言えます。

本書で紹介するようなリモートチームの考え方がこれから広く普及することで、多くの人にとって働きたいと思える会社やチームの選択肢が増えて、何かを犠牲にして我慢する働き方に甘んじるのではなく、自分のスタイルで楽しく仕事をする人が増える社会になれば、と願っています。

9
「オフィスにいること」が「働くこと」ではなくなった

オフィスもリモートも本質的な違いはない

私たちの会社では、正規の雇用契約を結んだ社員が在宅勤務などのリモートワークをすることが当たり前になりました。かといって、オフィスがなくなったわけではありません。東京の近辺に住む社員の多くは、オフィスに通勤して働いています。

普段はオフィスで働いている社員も、オフィスだからといって特別なことはなにもなく、逆にリモートワークをしている社員も、リモートだからといって特別なことはなにもありません。

オフィスにいる社員同士も、リモートにいる社員同士も、オフィスとリモート間でも、全員がチャットツールを使って日常的にコミュニケーションを取っています（詳細は後述）。

チャットツールの上では、オフィスもリモートも関係ありません。仕事をするときは全員が必ずチャットツールに「存在」するようにしていて、いつでも話しかけることができるようになっています。

オフィス通勤を前提とする世界観の揺らぎ

不思議な感覚かもしれませんが、私たちにとっては**オフィス内にいることが仕事をしている証しではなく、チャットツールでオンラインになっていることが仕事中**だという感覚になりましたし、**チャットツールに存在している仲間たちこそが「会社」**だという感覚になりました。

オフィスにいなくても、チャットツールにログインしてさえいれば「仕事中」となるため、オフィスは勤怠を管理する場所という認識ではなく、自宅よりは広いスペースの一つの働きやすい場所でしかなくなりました。逆に言えば、毎日オフィスに来ているからといって、それだけでは仕事をしているとはみなされないのです。リモートワークによって、これまで以上に**働いている時間よりも仕事の成果が問われる**ようになります。

こう考えると、これまでの通勤を前提とする働き方の世界観では、オフィスや事務所こそが会社の象徴であり、同じオフィスで働いていることがその会社の社員や仲間である証しという認識だったのですが、リモートチームの考え方が登場したことで、それが大きく揺らぐことになります。

ただし、離れて働いていても社員であり仲間であるという認識を持つためには、これまで以上に会社やチームの本質をマネジメントのレベルから検討し、よりいっそう働く仲間同士の絆を深めるような取り組みをしていく必要があります。

そこがリモートチームの難しさでもあります。

10

リモートチームは少子化時代の古きよき新しい働き方

リモートチームは、物理的に離れた場所で働くという点を除けば、その実態は社員同士がお互いに助け合って、相談をしたり雑談をしたりコミュニケーションを図ったりしながら、共同作業で成果を出していくという、昔ながらの日本の会社の働き方と非常によく似ています。そこには**欧米的な個人の成果主義よりも、古きよき日本流の経営**が求められます。

私たちが目指してきたワークスタイルは、個人ごとの生産性を最大限にするものではなく、チームとしていかに助け合うか、後進を育てていくか、短期的なゴールではなく長期的な関係を築いていけるチーム、それをリモートの形で実現するというものです。

たかがワークスタイルの話ではありますが、私は**この新しい働き方がこれからの日本の未来を開く一つの鍵になる**のではないか、と考えています。

人口減少時代のナレッジワーカーの働き方

これから先の少子高齢化の時代において、介護や子育てなどを理由に家族の近くで働くことが求められる人が急増するのは明らかです。また、ロボットや人工知能などの技術の発展に伴って、大量生産をするための労働の必要性は減っていくでしょうし、それができる若者の人口が減っていくのも間違いありません。**これからの日本で生き残る職業は、体力や頭数を必要としなくても価値を生み出せる知識労働《ナレッジワーク》が中心になっていく**でしょう。

さらに、知識労働とリモートワークは非常に相性がよいため、これまで以上に場所にとらわれずに働きたいという人が増えてくるのではないか、と考えています。

その一方で、誰も彼もが、誰にも頼らず、どこにも所属しないで生きていけるわけではなく、会社に所属する安心感を求める人も少なくないはずです。

そうしたときにリモートワークで一人で働くのではなく、リモートチームとして皆で助け合い、成果を出すことが求められる時代がきっと来るはずです。

以下では、リモートチームの実践から学んだマネジメントやワークスタイルについて詳述していきます。リモートチームという古くて新しい働き方の第一歩を踏み出しましょう。

第2章 CHAPTER 2

リモートチームが実践している習慣と環境づくり

REMOTE TEAM

リモートチームという新しい働き方を実践する中で気づかされたのは、これまでの常識が通用しないことがたくさんあるという点です。

たとえば、オフィスであれば自然に交わされていた雑談がなくなってしまうために、あえて雑談を推奨してみたり、会議室の大きさに制限がないので会議には誰でも何人でも入ってもよくなったり——。そんな私たちの実践から得たノウハウを紹介します。

1 新しい働き方には新しいツールを

リモートチームで働くためには、インターネットのツールの存在が欠かすことはできません。またEメール（以下、メール）のような〝古い〟ツールは、もはやリモートチームという新しい働き方には適さなくなっています。

時間差のある古いツール

私たちの会社では社内の連絡にメールは一切使っていません。メールは初めての顧客など、どうしても必要な外部との連絡のときにだけ使います。

メールの欠点は、その名の示す通り、手紙を模した動きになることです。1対1でも複数人でのやり取りであっても、誰かの発信が相手に届いて、それを相手側が読み込んでから返事を出すことになるので、**相手からの返事を待つのに時間差が発生**します。そうする

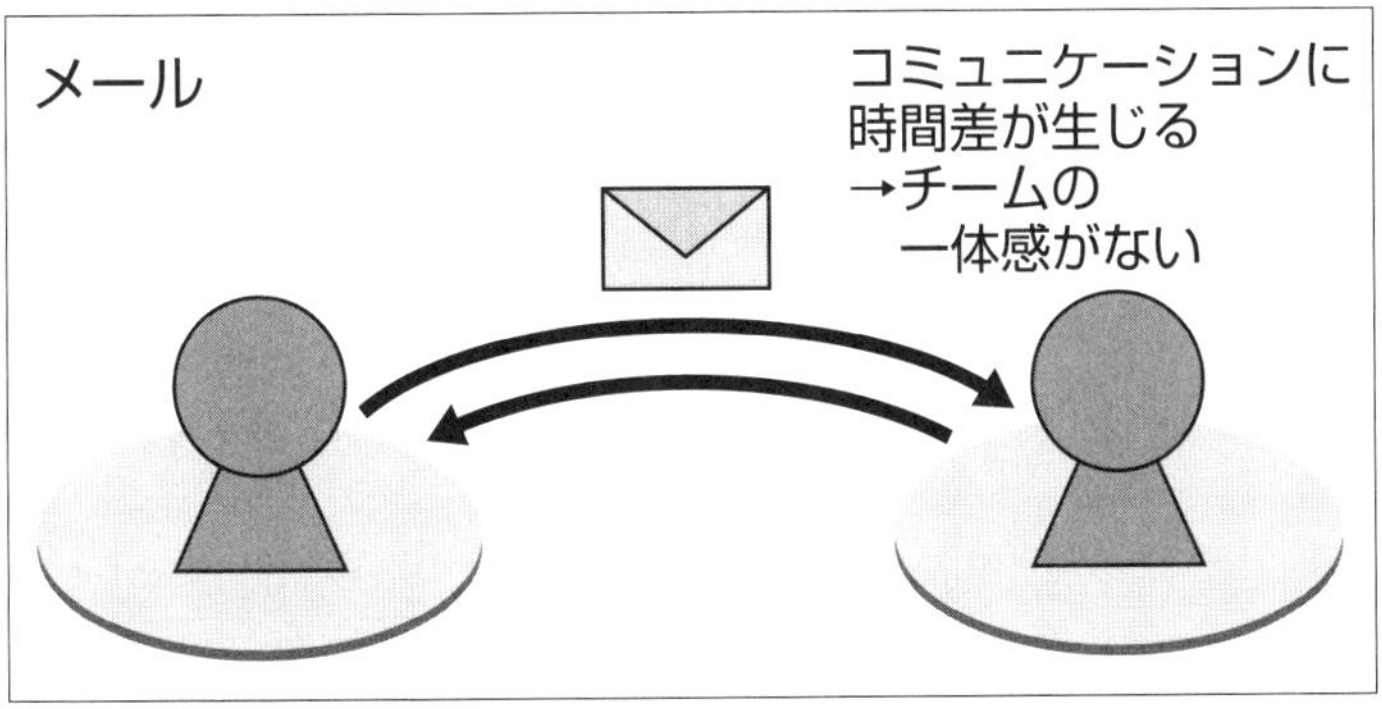

◆◆タイムラグの生じるメールは、リモートチームのコミュニケーションには適さない

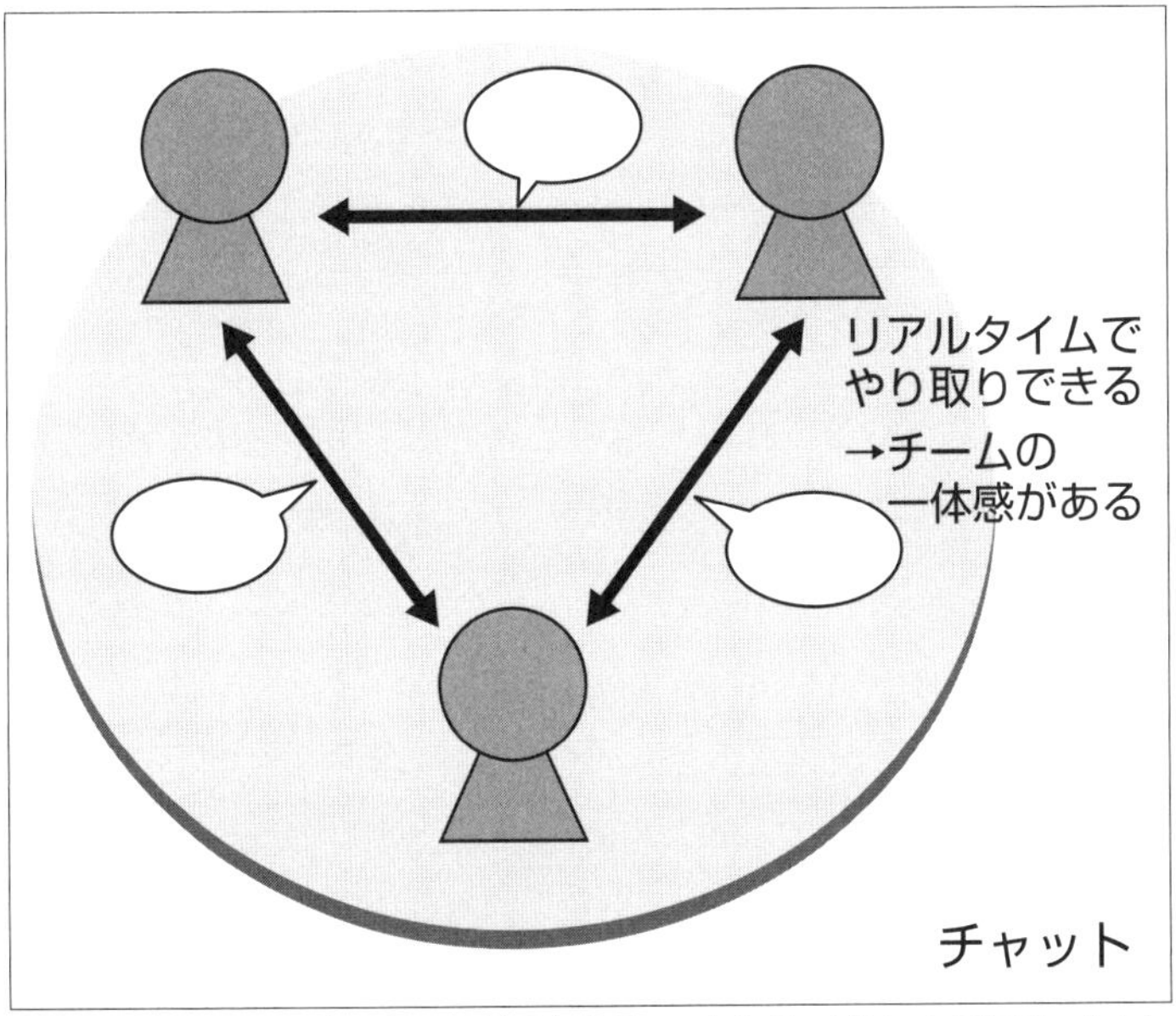

◆◆即時的なコミュニケーションができるチャットなら、リモートでもチームとしての一体感を損なうことがない

と、その場その場で相手の反応を即時に確認しながら話ができないので、ある程度のまとまった文章量で内容や趣旨を伝えなければなりません。つまり会話的ではないのです。

即時性のある会話的なツール

リモートチームに必須となるのはチャットです。チャットは、短いメッセージを即時にやり取りできる会話的なツールです。多くのチャットツールは、メールと違って相手がその時点でオンラインかどうかがわかるので、相手の存在を確認したらすぐに会話を始められるとともに、複数のメンバーで同時にアクセスできるので、多人数での会話が可能になるのです。

ツールに関して言えば、チャット専用のツールを導入するケースもあれば、グループウエアなどに備えられたチャット機能を使うこともあります。なにを使うかはさておき、これからは一緒に働く仲間同士のコミュニケーションにとってチャットは必須でしょう。それはリモートチームに限らない話です。

ファイルの共有には、boxやDropboxなどのファイル共有のツールを企業やチーム単位で契約して使います。リモートチームでは、しかし、ファイルの共有よりも直接クラウド上にあるデータを編集して共有するのが便利です。そうしたほうが、どこからでも常に最新の状態のデータを共有することができるからです。

たとえば、従来であればWordやExcelのファイルで用意していたものならば、Google DocsやGoogle Sheets、もしくはHackpadといったサービスを利用することで、クラウド上でのデータ共有が可能になります。これらのツールは離れた場所にいる複数メンバーとの同時編集・更新もできるため、チャットをしながら同じ情報を同時に見ることもできます。

URLの共有でテレビ会議もカンタンにできる

離れた場所での会議やミーティングのためのツールも選択肢が増えました。以前ならばSkypeを使うことが多かったかもしれませんが、今のSkypeでは事前にインストールしたり、お互いのIDを交換しておく必要があり、始めるのに少し手間がかかってしまいます。

Skypeに代わる選択肢として、Google Hangoutsやappear.in、1meetingといったツールが登場してきました。

これらの特徴は、ブラウザだけで使えるので事前にインストールをしておく必要がないということと、URLを共有しさえすればゲストは利用開始ができるので、事前にお互いのIDを交換しておく必要がないということです。これまでよりも圧倒的に気軽に始めることができるようになりました。

社内で誰がどんな作業や課題に取り組んでいるのかといった「タスク情報」や、どういった予定を組んでいるのかの「スケジュール情報」も、すべてインターネットで共有できるツールを利用して、**社内のメンバーのそれぞれの状況がお互いに見えるように**していきます。リモートチームでは、物理的なツールに頼らずに、これまで以上に効率的に情報を共有することができるようになります。

リモートチームで使っているツールは、リモートワークをするチームだけでなく、オフィスで働く社員にも役立つ、仕事の生産性を上げるものばかりですから、一度は取り組んでみる価値があります。リモートワークの前に、まずはオフィスでもこうしたツールを導入しておくことから始めるのもよいでしょう。

テレビ会議したいときは
チャットで声かけ
チャットからURLをクリックしてテレビ会議
共通のURLに入れば何人でも参加可能
そのまま画面共有することも可能

◆◆メンバーからの呼びかけで、雑談的なチャットからテレビ会議に移行することも。会議室という物理的な制約がないので、何人でも参加可能

2 チャットを使ったコミュニケーション術

チャットは最低限のリテラシー

リモートチーム内でのコミュニケーションの主な場はチャットになります。チャットは、いわば短い文字（テキスト）のやり取りです。相手の顔が画面で見られるテレビ会議のためのツールも使いますが、ちょっとした会話や声がけなどはやはりチャットを使うことが多いのです。

チャットは、メールによるコミュニケーションと違って、即時性、つまり素早いレスポンスが要求されます。そして、長い文章で一度に伝えるよりも、相手とのやり取りのなかで実際に会話をするように伝えていきます。そうした**チャットでの会話ができることは、リモートワークをする上での最低限のリテラシー**となります。

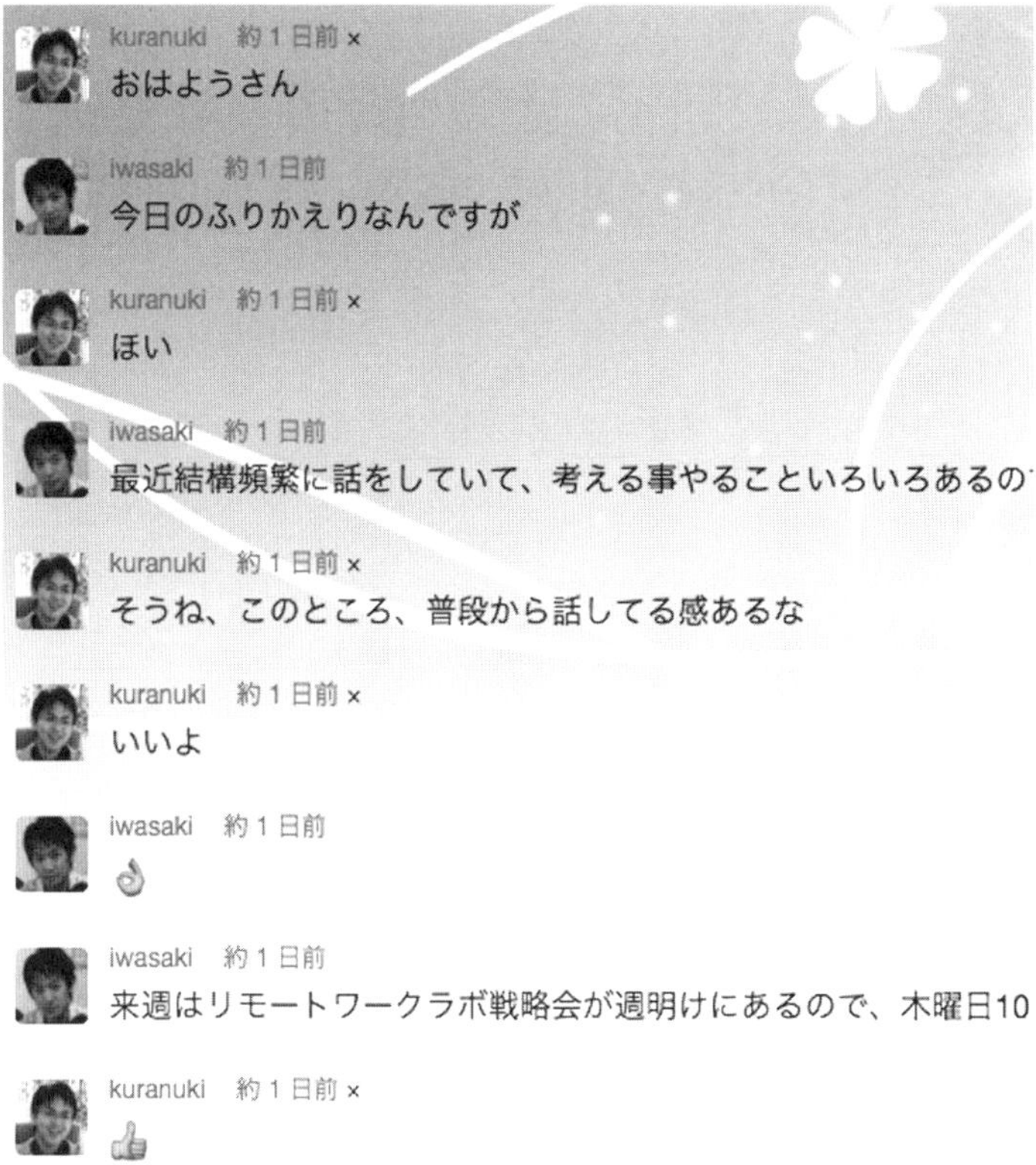
kuranuki 約 1 日前 ×
おはようさん
iwasaki 約 1 日前
今日のふりかえりなんですが
kuranuki 約 1 日前 ×
ほい
iwasaki 約 1 日前
最近結構頻繁に話をしていて、考える事やることいろいろあるの
kuranuki 約 1 日前 ×
そうね、このところ、普段から話してる感あるな
kuranuki 約 1 日前 ×
いいよ
iwasaki 約 1 日前
iwasaki 約 1 日前
来週はリモートワークラボ戦略会が週明けにあるので、木曜日10
kuranuki 約 1 日前 ×

◆◆チャットでの会話例。基本的には長い文章ではなく、短い文字数でテンポよく言葉を交わす。「OK」とか「了解」などは絵文字で表現することも

メールやチャットが登場した頃は、隣の席にいる人にメールやチャットなんてせずに直接話すべきだろう、といった意見があったかもしれませんが、私たちは**隣同士だろうがコミュニケーションはあえてチャットで行う**こともよしとしています。もちろん、杓子定規にチャット限定で意思疎通しているわけではなく、オフィスにいるときは適宜、必要に応じて声を掛け合います。

ここでは、コミュニケーションの最初のきっかけをチャットにしていて、チャットで声を掛けた後で実際に間近で話したり、リモートワークの場合なら、チャットで声を掛けてからテレビ会議を起動して話をしたりするのです。

インターネットを介したテレビ会議は特別に大がかりなものではなく、声を掛ければいつでも始められるような気軽なものになっています。事前に時間を決めておいてテレビ会議をすることもありますが、日中ふいに声をかけてテレビ会議で打合せを始めるのが日常的です。だから、自宅でリモートワークをしている社員は、パジャマのままで仕事なんてすることはなく、仕事中はいつでもテレビ会議に出ても構わないような格好をしていないといけません。

チャットでは絵文字も使う

また、チャットはテキストを使ったコミュニケーションになるので、これまでのビジネスシーンで使っていた文書やメールと同じような表現や書き方をすれば、ともすれば冷たい印象を与えかねません。そこで適宜、**顔文字や絵文字を使うなど、テキスト上での柔軟な表現力**も求められます。普段からスマートフォンでのコミュニケーションに慣れている人には、これは自然と身についているリテラシーでしょう。

また、リモートチームのメンバー同士のコミュニケーションは、なにも社内のツールだけではありません。**FacebookやTwitterなどのソーシャルメディアでもつながる**ことで、お互いのプライベートの情報を知り合うきっかけになったりもします。Facebookで普段から様子を見ている人とは、久しぶりに会っても久しぶりという感じがしないものです。リモートチームで離れたメンバー同士でも、同じような感覚が共有できるように、お互いに少しずつ発信していくとよいでしょう。

3 オフィスにあって リモートにないものを補完する

私たちがリモートチームを続けてきて直面した最大の課題は、リモートワークをしている人の「存在感」と「雑談」に関するものでした。

リモートワークにおける「存在感」

リモートワークの際に、普段社内に対して何も発信をしないで、ずっと黙々と一人で仕事をしていると、その人の存在感は薄くなってしまいます。オフィス内にいれば、その人が仕事をしている様子が見えるのですが、リモートではそうはいきません。何か発信していなければ、やがて存在しないのと同じになってしまうのです。

リモートワークをしているならば、それぞれが少しずつでも自分の状況をメンバーに伝えるようにしなければ存在が消えてしまいます。そうはいっても、仕事中にいつも発信し続けるわけにはいきません。この**「存在感」をどう演出するか**というのが1番目の問題です。

なお、ミーティングといった仕事上のコミュニケーションであれば、ツールを活用することで問題なくできるようになります。リモートでもオフィスでも、どこにいてもミーティングはできるし、情報の共有も容易です。

リモートで実現が難しかったのは、その人の存在感に関わる「ふいに始まるような雑談」なのでした。

イノベーションは雑談から生まれる!?

リモートを始めたばかりの頃によく起こったことですが、オフィスとリモートを交えてのオンラインでの打合せが終わって切断した後、オフィス側だけで雑談していました。読者の皆さんもよくおわかりかと思いますが、実は、そうした雑談のなかでのちょっとした相手の指摘や情報の共有が、仕事を進める上で大いに役立ったりするのです。ところが、オフラインになってしまうと、リモートの人はどうしてもこの雑談に参加できません。

それ以外の場面でも、仕事に関係することも関係ないことも含めた仕事仲間との雑談は、お互いの関心を高めるきっかけになったり、チームの問題を解決する、思わぬアイデアや新規事業の発想が生まれる機会になったりします。**雑談にはイノベーションを生み出すヒントが隠されている**のです。

にもかかわらず、**リモートワークではこの「雑談」の機会が減ってしまう**のが、2番目の問題です。

オフィスにあってリモートになかったものは「存在感」と「雑談」だったのです。そこで私たちは、リモートワークでも仲間同士が存在感を感じて、普段から何気ない雑談を気軽にできるようにするための工夫に取り組んできました。

この存在感と雑談の問題を解決するために、私たちが最初に採用したのは、Skypeをずっと起動したままにして、リモートの人と常に音声でつながるようにすることでした。打合せが必要な場合にだけつなぐのではなく、朝から晩まで、仕事中はずっとつないでおいたのです。「ずっとつないだままにする」のがポイントです。

そうしておくことでオフィスの雰囲気もわかるし、声を掛ければすぐに反応も返ってきます。この方法は、オフィスが小さく人数が10人以下の段階まではうまくいっていました。

しかしその後、全体の人数が10人を超えてリモートワークの人数も増えてくると、うまくいかなくなりました。リモートワーク側の声と話題が、混線してしまうようになったのです。

そこで次に取り組んだのが、全員が参加するチャットです。これもしばらくはうまくいっていましたが、さらに人数が増えて同じ場所でチャットをするようになると、複数の人たちが同時にチャットし始めると話題が混線するだけでなく、自分にはあまり関係のない話題も流れるようになってきて、読むだけでも負担になりました。

とはいえ、チャットを読まないわけにもいかず、またオフラインにしたりグループを分けてしまうと、いつでもつながることができなくなります。また、そのように同じチャットにいる人数が多くなってくると、ちょっとした挨拶だったり「食事に行ってきます」などの自分の状況を知らせるような発言をするにも気が引けるようになってしまいました。

リモートワークなので、存在感を出すために自分の状態や他愛のないことを積極的に発信したほうがよいとわかってはいても、大勢の人が参加している中で書き込めば、そこにいる全員に通知がいくと思うと、気軽な発言ができなくなってしまうのです。

リモートワークのためのオフィス「リモートチームプレイス」

リモートで一緒に働いている人の「存在感」を生み出して、気軽な「雑談」ができるようにするために、私たちは発想の転換をしました。すでに世の中にあるツールの多くは、効率性や生産性を高めることを目的に作られています。そのために用意されているのは、遠く離れた人たち同士でも、必要に応じてコミュニケーションが取れるように特化された、無駄を省いた機能です。しかし、**リモートチームに必要だったのは、雑談のような一見すると無駄に思えるようなことを実現するツール**だったのです。

私たちがリモートチームに必要だと考えた要素は、オフィスに座っているのと同じような感覚で社内の様子が感じられることと、自分の様子を特定の相手ではなく他の仲間にそれとなく発信できることです。

一般的なチャットの場合は、コミュニケーションを取ることに主眼を置いていて、そこに人がいるかどうかは、オンライン中かどうかぐらいしかわかりません。たとえオンラインであっても、席にいるかどうかはわからないため、チャットで話しかけるのを遠慮してしまうケースがよくあります。

気軽に雑談するためにも、いつでもつながっていて相手の顔や様子が見えることが大事な要素です。これはオフィスであれば、あえて気にすることもなく自然にできますが、これと同じ状態を画面上でも実現できればよさそうです。最近のノートパソコンにはカメラが付いているので、それで仕事中はずっと撮影しておいて、仲間内のお互いが見えるようにすることで実現できると考えました。

そしてまた、一般的なチャットの場合は、特定の相手もしくは、特定のグループに向けて発信するように作られています。その特定の相手・グループには伝わるように通知もされるでしょう。コミュニケーションのツールとしては、そうあることが本来の姿です。

しかし、それでは本当に気軽に書く（チャットする）ことを躊躇するようなケースも生じます。特定の誰かにあえて伝えるほどでもない、他愛のないつぶやきみたいなものは気軽に書き込めません。しかし、存在感を出したり雑談のきっかけを作ったりするためには、そうした特定の相手に通知せずに独り言が書けて、さりげなく共有できるようになればよさそうです。

特定の相手に通知しなくてもよいように、自分専用に書き込める場所があり、そこに書き込んだ言葉はチームの全員の目に触れる場所に流れるようにできれば、そこにいて気づく人がいれば話しかけたりできそうです。そんな、まるでオフィスの自席のような場所があるとよいと考えたのです。

仲間が働いている様子をリアルタイムに見ることができて、独り言をつぶやけば誰かの目にとまって雑談をするきっかけになる。そうなれば、もうそこはオフィスです。私たちは、**リモートチームのためのオフィスになる「リモートチームプレイス」**というコンセプトを考えました。

4 場所は離れていても同じ時間帯に働く

リモートチームプレイスによって、今ではリモートの人も含めて全社員がまるで同じ一つのオフィスの中にいるかのような雰囲気で仕事ができるようになりました。チャット上で、オフィスにいるときのように気軽な雑談が始まったり、挨拶し合って言葉を交わしたり、お互いの負担になるようなこともなく、いつでも声を掛けることができるのです。

〝物理出社〟と〝論理出社〟

リモートワーカーたちが集まって一緒に働く場所としての「リモートチームプレイス」というコンセプトを実装したツールは、まだ世の中にしっくりくるツールがなかったこともあって、また私たち自身がソフトウェア開発を得意としていることから、自分たちの使うリモートチームプレイスは自分たちで作ることにしました。それが「Remotty《リモティ》」です

(http://remotty.net/)。

「Remotty」は、私たちと同じような思想でリモートチームを実現したいと考える人たちに使ってもらえればという思いで、私たち自身が使っているものをそのままの形で無料で公開しています。もしよければ試してみてください。

私たちは、朝、オフィスに出社するように、リモートで仕事を始める際に、リモートチームプレイスにアクセスしてログインします。そうして「おはようございます」の挨拶を書き込んで仕事開始となります。その際に同僚と互いに挨拶を交わしたり、ちょっとした雑談をすることもあります。

そして、仕事をしている間はずっとリモートチームプレイスにログインしたままで、ブラウザのタブを開いた状態にしておきます。そうすることで同僚たちの働く様子をお互いに見ることができ、社内で行われるチャットでの会話も知ることができます。昼食や用事で離席するときは一言書き込んでから離席します。

1日の仕事が終了したら、仕事を終える際に「お疲れさま」といったメッセージとともにリモートチームプレイスを閉じます。それが仕事の終了の合図になります。こうしてみると、**リモートチームプレイスの開始と終了は、まるでオフィスへの出勤と退勤のような**

働いている同僚の顔や様子が見えて声がかけやすい
個人ごとに書き込める場所があるので気軽に発信できる
グループ単位でも情報をまとめて共有できる
社内の会話が全部見えて雰囲気まで共有できる

◆◆リモートチームのオフィス（リモートチームプレイス）となる「Remotty」。始業と終業はここにアクセスした状態（ログイン／ログアウト）によって確認できる

ものです。

　このようにリモートチームプレイスへ「出社」する感覚になるので、私たちは、**実際のオフィスに出社することを〝物理出社〟**と呼び、**リモートチームプレイスに入ることを〝論理出社〟**と呼んで区別しています。リモートワークのメンバーは、普段は〝論理出社〟しているのです。

仕事中はずっと自分の様子が撮影されていて、同じチームのメンバーに中継されることで、**「この時間を共に働いている」**という感覚が得られて、お互いに声を掛けるタイミングも見つけやすくなります。相手が席にいなければ、その「いない様子が見える」ことから、声を掛けるタイミングもつかみやすくなります。

もしかすると、自分の様子が常に中継されて他人に見られていることに抵抗感を持つ人もいるかもしれませんが、よく考えてみればオフィスで働いていたら、それぞれのお互いの様子は誰でも見ることができたのですから、同じことだと思えばよいのです。それに、リモートワークで在宅勤務をする場合、どうしても気が抜けてしまうこともあるかもしれませんが、他人の目があることでシャキッとする効果もあります。

「チーム」とはメンバーがいつでも助け合える状態

チームワークを高めるために大事なのは、メンバー同士がいつでも相談し合える状態にあるということです。同じチーム内の仲間同士なのに、相互にまるで干渉しないという関係性では、一緒に働いているとは言えません。それこそ外注先の個人事業主の集まりみたいな関係になってしまいます。私たちは、そんな関係は目指していません。

チームであるということは、利害関係を超えてお互いに助け合えるかどうかという点が重要で、ときには自分の仕事を差し置いてでも仲間が困っていたら助ける・助けられるという関係なのです。そこで、**いつでも相談できるようにするために、私たちは働く時間帯を揃える**ようにしています。

リモートワークなので、それぞれの仕事場所はどこであっても構いませんが、働く時間帯はだいたい同じにしているのです。私たちの会社では、それを強制しているわけではなく、厳密なコアタイムがあるわけではありませんが、お互いに助け合うためにはどうすればよいかを、それぞれが考えた結果、だいたい同じ時間帯に働くようになりました。

リモートチームプレイスに論理出社して、同僚と同じ時間帯に働くことで、たとえリモートワークであっても物理的な距離を忘れて、まるでひとつの同じオフィスで働いているかのような環境を実現できました。一緒に働く仲間の存在を認識するのに最も適していたのは、音声でもチャットでもなく、お互いの顔が見えるということだったのです。

5

社内外のコミュニケーションを使い分ける

社内のメンバー同士のコミュニケーションの基本はチャットですが、私たちの会社では、顧客や外部の協力会社との連携ではチャットを使いません。

チャットのメリットは、いつでも声を掛けることができ、その場で反応がもらえることです。メールのような時間差の生じるコミュニケーション・ツールと違って、（文字で）声を掛けて話ができればスムーズに仕事が進められます。声を掛ける側にとって大いにメリットがありますが、声を掛けられる側にしてみると、仕事に集中している最中に声を掛けられると思考や作業を中断されることになります。

それでも社内の仲間からの相談であれば乗ってあげたほうが、チーム全体としての生産性は結果として高まると考えれば、声掛けに応じるのも悪くありません。また、仲間内であれば、忙しいときは「忙しいよ」と伝えて後で対応するということもできるでしょう。

外部とのコミュニケーションにはコストがかかる

しかし、社外の人たちとも、社内と同じようにチャットで応答をするのはやりすぎだと考えています。**顧客への応答はそれ自体にコストがかかる**ことであって、いつでも、いくらでも無制限に対応するというのなら、それが一部の顧客だけへの対応になってしまっては不公平になってしまい、その対応コストも考慮すれば、それ相応の価格にならざるをえません。こうした点を踏まえ、私たちの会社では、**顧客とのコミュニケーションにおいては、リアルタイムに対応が要求されるチャットや電話は使わない**ことにしています。

とは言っても、顧客からの相談や質問などをいつでも受け付けられるようにしておくことは、クライアントのIT顧問のようなサービスを提供している私たちにとっては重要なことです。そこで、リアルタイムではないけれども、いつでも相談は受け付けて、私たちが応答できるタイミングで返信できるツールが求められますが、じつはメールがそれにフィットしているのです。メールであれば、24時間365日いつでも受け付けができて、こちらの都合のよいタイミングで対応することができるからです。

そうした**メールのような時間差のコミュニケーションこそ、外部との連絡にはベストで**

すが、じつはメールには不便なところがたくさんあります。メッセージのデータはそれぞれの受信箱にしかないし、宛先漏れや宛先ミスのリスクもあり、後から参加したメンバーとメールの内容を共有するのも難しいといった点です。そこで、メールに代わる時間差でのコミュニケーションができる新しいツールを使うようにしています。

私たちの会社では、前述のRemottyの中に、社外のゲストと時間差でのコミュニケーションをするための掲示板のような機能があり、それを活用しています。

顧客とは時間差コミュニケーションを実現することで、社内の生産性を落とすことなくリーズナブルに、かつ相談する時間に制約のない満足度の高いサービスを提供することができるのです。

6

リモートチームにおける会議の〝新常識〟

物理的な会議室を前提とした会議の常識と、リモートワーク中心のオンライン会議での常識には大きな違いがあります。

リモート会議は用途に応じてツールを使い分ける

当然ですが、リモートチームでも会議は行います。ただ違うのはオフィスや会議室で行うのではなく、オンラインで実施するという点です。今や、Skypeに代表されるインターネットを使ったオンライン会議のツールは、無料のものも含めてたくさんあります。

私たちの場合は、事前にスケジュール調整された会議の他に、フェイス・トゥ・フェイスで話をしたほうが早い突発的なミーティングなども、オンラインのツールを使って行います。

後者のミーティングは会議というほどのカッチリしたものではなく、必要に応じてその都度つなぐことになるので、気軽にサッと始めて、用件が済めば惜しむことなくオフラインにしてしまいます。

このように、オンラインで〝顔を合わせて〟話をすることは、日常茶飯事です。気軽にちょっとつなぎたい場合などは、一時的なURLにお互いがアクセスするだけでつながるようなツールを使っています。

リモートで働いているメンバーとは普段チャットを使ったテキストでのコミュニケーションを基本としている一方で、チャット中に口頭で話した方がスムーズだと感じたら、すぐにオンライン会議のツールを起動してつなぎます。最初のうちはオンラインの会議をするたびに少々緊張していましたが、慣れてくれば自然とできるようになるものです。

オンライン会議のさらによいところは、会議室の確保・調整が不要になることです。打合せの日程調整で大変なのは出席メンバーの時間を合わせることと、空いている会議室を探すことですが、オンラインなら場所の問題がなくなります。そして、何人が参加しようがその広さも関係なくなるのです。

「ラジオ参加」という会議の傍聴

そうした環境の変化のおかげで取り組めるようになったのが、**会議への「ラジオ参加」**です。たとえ会議の出席メンバーではなくても、自分の仕事をしながら音声だけを傍聴するためにオンライン会議に参加することを、私たちはラジオ参加と呼んでいます。**興味のある会議であれば、社内の誰でも自由に参加して、発言なしで聞いているだけでもよい**のです。ただそれだけのことですが、こうして参加していれば、なんとなく社内の状況を把握できます。だから、内職しながら会議に参加することだって構わないとしています。もちろん、会議の主要参加者が内職ばかりで議論ができないというのでは話になりませんが、それ以外のメンバーが傍聴してもよいということです。

会議中もチャットはずっとオンラインにしているので、会議中にチャットで声を掛けたり、連絡を取ったりすることもできます。会議でのディスカッションを遮ることなく伝言などを伝えて、もし会議の出席者側に余裕があるなら、その場で返信したりすることも可能です。**会議をしているかどうかの境界が非常にフレキシブル**になっているのです。

◆◆ソニックガーデンのオフィス風景。パーティションによる区切りはなく、個人専用のデスクもないので、好きなところで仕事をしてかまわないというルール

会議室のないオフィス

こうしたフレキシブルさは、私たちの物理的なオフィスの設計にも現れています。私たちのオフィスには壁でしっかりと仕切られた会議室がなく、大広間のような中で仕事をしている人もいれば、ミーティングスペースで打合せをしている人もいます。打合せは、始めたいときに始めればよいし、入りたいときに入れるルールになっているのです。

会議には開始時間と終了時間があり、決められた場所で決められた参加者だけできっちりとするべきものだという常識は、リモートチームでは過去のものになったのです。

7

「ハッカソン」や「飲み会」だって リモートでできてしまう！

リモートチームの話をすると「そうはいっても飲み会はできないでしょう」「やっぱり飲み会がないと寂しいですよ」と言われることがあります。**リモートチームを実践してきてわかったことは、仕事をしていく上で、リモートだからといってできないことなどない**し、今やなんと、**飲み会ですらリモートでもやれる**のだ、ということです。

雑談まで含めた普段のコミュニケーションも、フェイス・トゥ・フェイスでのオンラインの会議も、作った成果物のやり取りも、会社で必要な資料の検索、作成や申請の処理も、どんな場所で働いていたとしても問題なくできるようになっています。つまり日常的な業務に関しては、オフィスとリモートで違いはないのです。

「リモート・ハッカソン」の試み

それでも、以前ならば難しいと感じていたのは、「ハッカソン」や勉強会といった多人数参加型のイベント開催の場合です。ハッカソンとは、プログラマーやデザイナーがチームを組んで、半日からまる一日、チームで開発に没頭して成果を競い合うイベントです。私たちの会社では、普段の業務でやっている仕事から離れて、まる一日かけて自分たちの作りたいものを作るハッカソンを定期的に開催しています。業務では関わりの少ないメンバー同士がチームを組むことによって、社内の交流が活性化したり、業務では試せないような新技術の検証ができたりと、参加者が楽しみつつ切磋琢磨できる、会社としてもある種の教育の場になっています。

そんなハッカソンも、一箇所の会場に集まって行うのが一般的ですが、**リモートチームの私たちは集まることなく実施**しています。各チームごとに、一日中ずっと音声と画面をつなぎっぱなしにするなどの工夫をすれば、十分に可能なのです。社内ハッカソンでは、1チームの人数も限られていてテーマも同じなので、オンラインのままでも会話が混線することがありません。

◆◆オフィスでは複数の人間が大型スクリーンを見ながらハッカソンをしている最中（写真上）。下の写真は、リモート参加のメンバーのモニター画面

「リモート飲み会」はこうすればうまくいく！

「リモート飲み会」も、オンライン会議と同じツールを使ってたまに実施しています。夕方の雑談からそのまま「飲み会」になるケースもあれば、ハッカソンなどのイベントの後に行ったりもします。リモート飲み会をうまく実施するポイントは、**参加者の全員がリモートであることと、参加人数を４人程度までにする**ことです。

参加者の大半が同じ場所で飲み会をしている中で、一人だけがその飲み会にリモートで参加するのは「おいてけぼり」のような状態になってしまってうまくいきませんが、全員がリモートであればそういうことにはなりません。また場所の制限がないからといって、人数が多くなりすぎると込み入った話ができなくなります。リモート飲み会でも、普通の飲み会と同様に、１テーブルに座る人数は限定したほうがよいでしょう。

なにごとも「リモートだとできないことがあるのではないか」と考えるのではなく、**リモートを前提にどうすればできるのかを考える**ようにしてきました。リモートワークを諦めるという選択肢はなかったのです。

◆◆各自お気に入りの酒とつまみを用意してのリモート飲み会の風景。慣れてしまえば、意外にリアルな飲み会と変わらない感覚で会話を楽しめる

8 リモートチームでの信頼関係の築き方

リモートチームの前提にあるのは、一緒に働くメンバー相互の信頼関係です。お互いに一所懸命働くという信頼があってこそ、離れた場所で働いていてもチームワークを維持することができるのです。

信頼は共に仕事をすることで築かれる

リモートワークの人たちで信頼関係を築くにはどうすればいいのでしょうか。近くにいないので気軽に食事や飲み会ができるわけではありません。しかし、それでも信頼関係を築くことはできるのです。信頼関係とは、一緒に仕事をすることを通じて徐々に形成していけるものだと私は考えています。**よい仕事をしてくれる期待があり、相手はその期待に応えていく、お互いにその少しずつの成果を蓄積していった結果が信頼となる**のです。

一緒にお酒を飲んだり食事をしたりすることで信頼関係が築けるという考え方もあるかもしれませんが、そこで得られるのは〝懇親〟であって、仕事の上での信頼の代わりにはなりえません。仕事をする信頼関係が築かれた上での懇親会ならば、さらにスムーズに連携をしていくためには大事なことかもしれませんが、どれだけ飲み屋で仲良くなった人がいても、一緒に仕事ができるかというと、それはまた別の話です。

仕事上の信頼は一緒に仕事をすることでしか築くことはできません。リモートチームで気をつけるのは、お互いが離れていても「一緒に仕事を進めている仲間」だという感覚を共有することと、そのために**お互いの仕事の成果を目に見えやすくする**ことです。

「隣は何をする人?」を解消する

私たちの会社では、それぞれが取り組む課題やタスクを共有するためのツールを導入していて、それを全員が見ることができるようになっています。そして、何か新たに仕事をするときは、必ずそれらのツールに登録してから仕事に取り掛かることを徹底しています。また、全員のスケジュールもツールで共有していて、誰が今どんな会議に参加しているのか、どんなタスクを扱っているのかが、一目でわかるようにしています。こうして、メンバー全員が各人の仕事の状況を「見える化」しておくことで、〝隣の人〟が今なにをしているのか不審に感じることがないようにしています。

リモートワークに〝隣の人〟もないですが、**リモートワークを導入したからこそ、こうしたオフィスですら生じがちな他の仲間への不信感や、セクショナリズムにつながりかねない無関心に改めて気づかされた**という面があります。

タスクを小さく分解し、その一つひとつに応えて信頼を得る

また、私たちがやっている仕事の進め方としては、まず**仕事の単位は最大でも1日で終わる程度に分解**しています。そして、依頼者とイメージ合わせを行った後、実際に作業に入ってから、だいたい70%くらいの完成度の段階で一旦共有し、そこからはフィードバックを取りつつ改善を繰り返して仕事の完了を目指していくという形を取ります。

完成してから提出するのではなく、大枠ができたところで早めのフィードバックをもらえるように、あらかじめ共有しておくのです。このプロセスはリモートワークの場合にこそ重要です。

というのも、同じオフィスにいれば、途中でハマっている（苦労している・問題が生じ

◆◆全社員のタスクを〝見える化〟してリモートチームの信頼関係をつくる

ている）かどうかなどは、まわりで見ていればだいたいわかりますが、リモートの場合はそういかないケースが多いからです。そこで、早めに小さくフィードバックしていくのです。**小さな確認の積み重ねが、信頼の積み重ね**になります。

顧客との信頼関係の構築も同じです。一度に大きな信頼を得る機会などはほとんどなくて、小さな信頼の積み重ねが命です。小さな信頼とは、約束したことを守るということです。私たちの場合は、毎週の打合せで問題点を確認し、改善の約束をして、次の週には成果を見せるというやり方を繰り返していきます（これが私たちのビジネスモデル「納品のない受託開発」のキモになります）。その小さな積み重ねによって、リモートであっても変わらず信頼を獲得することができるのです。

9
リモートチームのための3つの原則

リモートワークでチームワークを実践していくリモートチームをうまく運営していくには、これまでの働き方とは違う工夫が必要になるでしょう。また、リモートチームに取り組むそれぞれの組織によって、その工夫の仕方も違ってくるはずです。そうした中で、リモートチームのための指針となる次の3つの原則があります。

①仕事中の雑談を推奨する
②ワークタイムを揃えて働く
③社員全員でリモートワーク

雑談を奨励する

①は雑談の重要性に関する原則です。特に大事な雑談は、チームや働き方などの仕事についての話をすることです。オフィスであれば、廊下ですれ違ったときや食堂で食事をするときなどに、自然に交わしていた会話が失われてしまうのがリモートワークの弱点で、それを補うためには意識的に雑談をする必要があります。そのためにも、形やツールはともかく、**雑談を奨励するくらいでちょうどいい**でしょう。なお、雑談については、「企業文化」を取り上げる次章でさらに詳しく説明します。

同じワークタイムにする

②は同じ時間に働くという原則です。リモートワークといえば、自由に好きな時間に好きな場所で働けるイメージですが、チームであるからには**いつでも話し合える**ことが重要です。そのために、働く時間を揃えるのです。いつ働いているのかわからない人と一緒に働くのはやはり不安になります。厳密にワークタイムを設定するかどうかは、会社やチームによるでしょうが、**だいたい同じ時間に働くことを前提とする**のがよいでしょう。

全員リモートワークが前提

③はリモートワーカーを社内の少数派にしない、という原則です。社内でイレギュラーな存在になってしまうと、オフィス側にとっては負担に感じるし、そう感じられるとリモート側は改善の提案がしにくくなってしまいます。それではリモートワークを続けていくのが困難になってしまいます。オフィスも含め**全員がリモートワークをしているという前提に**して、それが特別なものではないようにするべきでしょう。

リモートチームはまだ事例も少なく、これから多くの企業が取り組むことになるであろう、近い将来の働き方です。こうすれば確実にうまくいくという決定的なノウハウはまだありませんし、それぞれの置かれた状況の中で取り組み方を考えなければなりません。そんなとき、この3つの原則を思い出して検討してみるとよいでしょう。

第3章 CHAPTER 3

リモートチームの成功は企業文化《カルチャー》にかかっている

REMOTE TEAM

リモートチームをうまく成立させるためには、ツールや環境、制度などの条件がありますが、とりわけ重要なのが企業文化です。

チームであるからには人が集まり、人が集まれば文化ができます。リモートチームにも企業文化があり、離れた場所で働いている仲間をひとつにまとめていくためには、同じ文化を共有することが欠かせないのです。ここでは、リモートチームに適した企業文化を紹介します。

1 雑談と独り言が「連帯感」と「存在感」を生む

チームビルディングの第一歩は、チームを構成するメンバーがお互いに「仲間」だと認識することから始まります。それはたとえリモートチームであっても同じことです。もしオフィスに通勤していれば、フロアや廊下ですれ違うときに言葉を交わしたり、飲み会や食事の機会があったりして、たとえ部署や職種が違っていても、お互いのことをなんとなく認識することができるかもしれませんが、リモートではそうはいきません。そこで、リモートチームでは互いに認識し合う機会として、あえて意図的に仕事の合間に雑談をするように気をつけています。

雑談は企業文化を創り出す

雑談といっても、天気や服装の話ではありません。私たちの考える**仕事中の雑談とは、**

目的や結論を決めない会話のことで、その内容は主に仕事に関係する話になります。会社や顧客、同僚の話などが話題にのぼります。ときには愚痴が出ることもあるかもしれませんが、基本的には近況の共有をしたり、抱えている問題についてどうすればよくなるか、アイデアを出し合ったりします。

一般的には、仕事中の雑談は生産性を落とすものだと考えられています。たしかに、そこでなにかを確実に生み出すかといえばそうではないし、仕事の時間を奪うものでもあります。しかし**雑談はリモートチームに助け合いの風土を作るため**の、あえて推奨するべき大事な要素なのです。

独り言からチームワークが生まれる?

また、リモートチームで働くメンバーにとって、自分自身の存在感を示すことはとても大事なことです。オフィスにいれば、あえて存在感を気にする必要はあまりないかもしれません。しかし、リモートワークの場合、自分で存在感をアピールしていかなければ、もはや存在していないのと同じことになってしまいます。そうなると、チームワーク以前の問題です。

そこで、独り言です。リモートチームであれば何かしら情報共有をするためにチャットなどを使っていると思いますが、そこに自分の様子を時々書くようにします。たとえば、朝、オンラインになったら「おはよう」から始まって、仕事を終えるときは「お疲れさま」と書き込んだりするのです。

ほかにも、これから取り掛かる仕事のことや、今仕事で煮詰まっていること、食事や休憩で離席するタイミングや、そこから戻って着席したときなど、そんな何気ないことを短く書くだけで十分なのです。それだけで、メンバーの間で「あいつが一緒に働いているな」という存在感が生まれます。

そうした独り言から雑談に発展することもありますし、ちょっとしたアドバイスをくれたり、助けてくれたりする人もいるでしょう。また、よく発信している人のことは、書き込みを端から見ているだけで自然に親近感も覚えます。オフィス内で独り言をつぶやくのは迷惑になるかもしれませんが、リモートチームでは、チャットで独り言をつぶやくことでお互いの存在感を認識し合うことができるのです。

ただ静かに黙々と仕事をすることを美徳とする企業文化ではなく、**ワイワイガヤガヤとした雰囲気の中で協力し合うという企業文化のほうがうまくいく**のです。

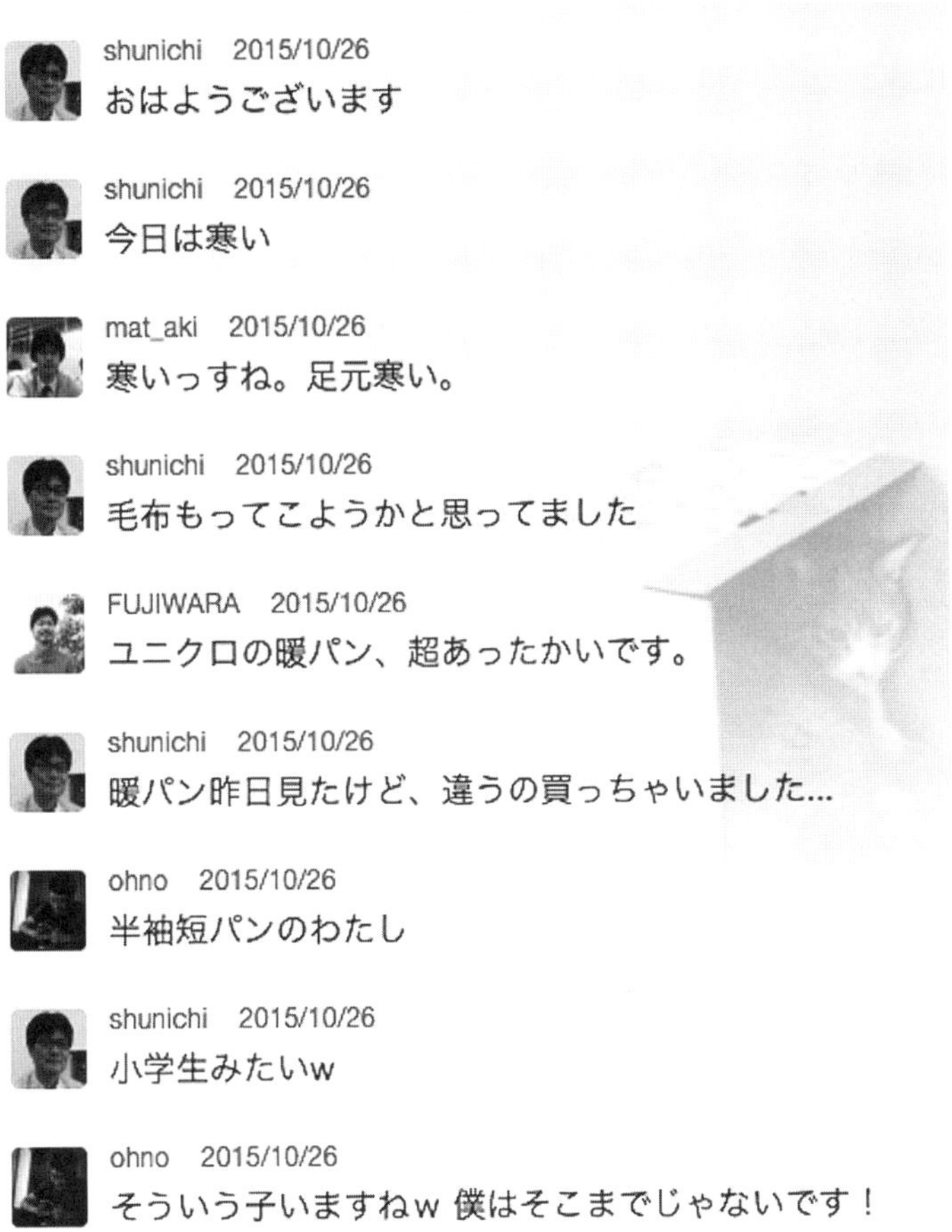
shunichi 2015/10/26
おはようございます
shunichi 2015/10/26
今日は寒い
mat_aki 2015/10/26
寒いっすね。足元寒い。
shunichi 2015/10/26
毛布もってこようかと思ってました
FUJIWARA 2015/10/26
ユニクロの暖パン、超あったかいです。
shunichi 2015/10/26
暖パン昨日見たけど、違うの買っちゃいました…
ohno 2015/10/26
半袖短パンのわたし
shunichi 2015/10/26
小学生みたいw
ohno 2015/10/26
そういう子いますねw 僕はそこまでじゃないです！

◆◆朝一番の挨拶で交わした雑談の例。独り言に他のメンバーが絡んでいる。こうした他愛ない会話が、チーム内の親近感や連帯感の醸成には欠かせない

2

絵文字とニックネームでフランクな関係を築く

チーム内の普段のコミュニケーションは、やはりチャットでのやり取りが多くなります。そこで気をつけているのが、**会話ではなるべく「絵文字」を使う**ということです。**文字だけのやりとりは、人間味を消してしまうことがある**からです。

余計な言葉を使わずスピーディーに伝えようとすると、どうしても言葉足らずになってしまい、文字だけを読むと冷たい感じを受けることがあります。もしくは、丁寧すぎてよそよそしく感じられることもあります。仕事なのだからそれでもよい、といえばそうでしょう。そうした企業文化のチームもあるかもしれませんが、人間味の感じられないやり取りは、コミュニケーションに向かう気持ちを下げてしまいます。そうなってしまうとリモートチームにおいては致命的です。

コミュニケーションの基本

伝えている本人にそのつもりがなくても、相手がどう受け留めるかまでを併せて考えるのがコミュニケーションの基本です。そうした問題を解決するために絵文字が有効に働くことがあります。文末にスマイルマークをつけるだけで、相手にちょっとした感情を伝えることができます。相手の感情が伝わってくると受け手は安心できます。

それなりの年齢の大人にとって、絵文字を使うことは抵抗があるかもしれませんが、ここで言っているのは社内に限定したチャットの話であり、仲間内だけのことと考えれば、絵文字への抵抗感は減るかもしれません。仕事の会話の中で絵文字を使うのは、テキストでのコミュニケーションが中心となるリモートチームでは大事なことです。

また、チャット上でメンバーのことを呼ぶ場合は、本名の苗字ではなくチャットに登録されているユーザー名で呼んでいます。たとえば、私は「倉貫さん」とは呼ばれずに、登録している「kuranuki」や「kura」などの、いわゆるハンドルネームで呼ばれます。それは社長だろうと1年目の新入社員だろうと同じです。

ハンドルネームを使うのは、チャットの仕組み上、そうすることで通知機能が使えるからという理由もありますが、顧客や外部とのコミュニケーションとは違って、気遣いの要らない同じチームの一員であるという実感を持てるということもあります。

　その考え方の延長上で、チャット上だけでなく、実際に話すときもニックネームで呼び合ったりします。ニックネームで呼び合えることが、同じチームの一員という安心感につながります。安心感はコミュニケーションを促進させます。とはいえ、それは無礼を許すわけでも、失礼な振る舞いをよしとするわけでもありません。チーム内に堅苦しさは不要であって、**フランクに、だけどお互いに敬意を持って接し合うという企業文化が、リモートチームに不可欠**なのです。

◆◆絵文字のチャットはチーム内に安心感をもたらす

3

すべてオープンにして情報格差をなくす

情報格差の解消がチームの一体感を生む

オフィスにいる人とリモートにいる人の間に情報格差があると、チームの一体感は崩れてしまいます。オフィスにいなければ得られないような類の情報はないほうがいいでしょう。なるべくどこにいても同じ情報量となるようにします。

たとえば、ミーティングでは議事録を残しておいて、社内の誰でもどこからでも見られるように共有します。議事録といっても、検閲や修正の入るようなカッチリしたものではなくメモ書き程度ですが、打合せの結果だけでも見ることができれば、なんとなくでもどんなことが話されたのかがわかります。完全に把握できなくても雰囲気をつかむことはできるし、日常的にはそれで十分なのです。

チームで起きている課題を共有することは一体感の醸成につながります。同じ目標に向かう仲間同士、助け合いたいものです。そうなるには、そこで起きている問題の背景や文脈を共有する必要があります。

そのために、私たちは**情報を社内でオープンにする**ことを大事にしています。社内でいえば個々人の給与額だけは伏せていますが、それ以外の売上や利益、経費や資産状況など、すべての情報にリモートからアクセスできるようになっています。それらの情報は社員であれば誰でも見ることができます。

誰でも会議や打合せを傍聴できる

また、前述のように、経営チーム内の議論や相談などもオープンな場所でしたり、オンラインでの打合せ（会議）を傍聴することもできます。一般的に考えると、打合せに参加するのに発言しないなんて意味がないと思われるかもしれませんが、**打合せの様子を聞きながら仕事をすることができるのは、リモートならではのメリット**です。

リモートワークを主体にしたことで、会議室という制約から解放されて、会議は誰でも参加、見学できるようになったのです。物事が秘密裏に決まることがなくなって、より公平な経営ができるため、会社としてはむしろよいことでしょう。逆に、**社内の情報をオープンにできない企業文化では、リモートチームは難しい**のかもしれません。

情報の格差と制限が社員の主体性を奪う

あらゆる情報をオープンにしたことで、メンバーは自分からアクセスすれば、いつでも経営情報を見ることができる状態なので、主体的に見る人にはいっそうアクセスしやすくなり、そうでない人は、ただ待っていても情報が自動的に降りてくるわけではないので、必要ならば見ざるをえません。そうした環境が、人を受け身から主体的に動くように変える力があるのです。

よく社員が主体的に動いてくれない、会社に対して積極的に提案をする意欲がない、など嘆く会社がありますが、もしかすると、そこには社内の情報格差があるのかもしれません。社員をマネジメントするために**閲覧できる情報を制限しているとしたら、それこそが社員の主体性を奪っていた原因**だと考えられないでしょうか。

社員が主体性をもって行動する企業文化は、リモートとオフィスの情報格差をなくすために社内の情報をオープンにすることと相性がよいのです。

4

日報ではなく「日記」で誰がなにをしているかを共有する

オープンにしているのは経営情報だけではありません。社内で誰がどんな仕事をしていて、どんな顧客がいるのかといった情報についてもオープンにしていくほうが、リモートチームはうまくいきます。その際に、特定の担当者が情報を取りまとめて全員に共有するような方法だと手間とコストがかかりすぎます。もっと民主的な仕組みで、**リモートもオフィスも関係なく共有できる仕組みがあるとよい**でしょう。

感情を共有する仕組みとしての「日記」

私たちの会社では、それを「日記」をつけることで実現しています。個人ごとに日記を書いて、それを全社で閲覧して共有できるようにしているのです。担当者が全社員の状況を把握してまとめるのではなく、全社員がそれぞれ自分の状況を自主的に発信する仕組みを用意しています。
もともとは日報を書くことを考えていましたが、日報というと業務報告書に限定されるイメージになってしまい、それでは無味乾燥なものになって、あまり社内の様子を知るのに適したものにはなりません。それを「日記」と呼ぶことに改めた結果、日報よりもフランクに、感じたことや悩みなども気軽に書くことができるようになりました。

リモートチームでこぼれ落ちやすいのは、働く人の感情を共有する時間です。そこで、日記という仕組みで、なにをしているかだけでなく、どんな気持ちで仕事に取り組んで、仕事中にどう感じているのか、といった**ウェットな情報も共有する**のです。書く本人にしても、閲覧するのは社内の人間だけに限定されているので、気軽に書くことができます。

私たちの会社の日記はシステム化されていて、毎日18時半になると日記を書くように案内が届き、誰かが日記を書けば全社員にメールで届くようになっています。日記には読んだ人の一覧が表示され、コメントできる機能も備わっています。他の人からのフィードバックがあれば、日記を続けるモチベーションになります。

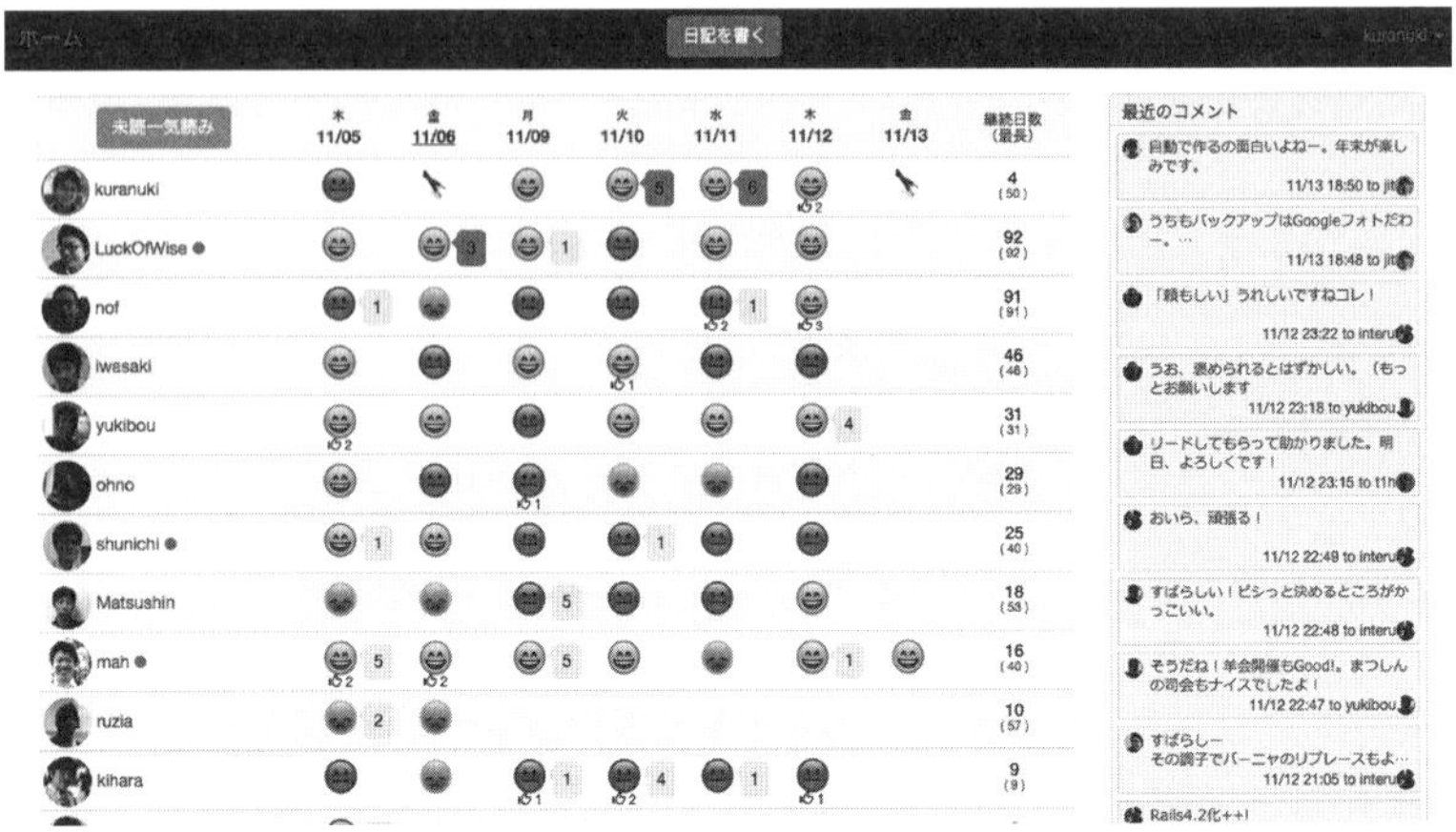

◆◆「日記」の画面。社内の人間なら誰でも閲覧でき、他のメンバーの日記にコメントを投稿できる。その日の気持ちの状態を表情で表わす「感情マーク」機能もある

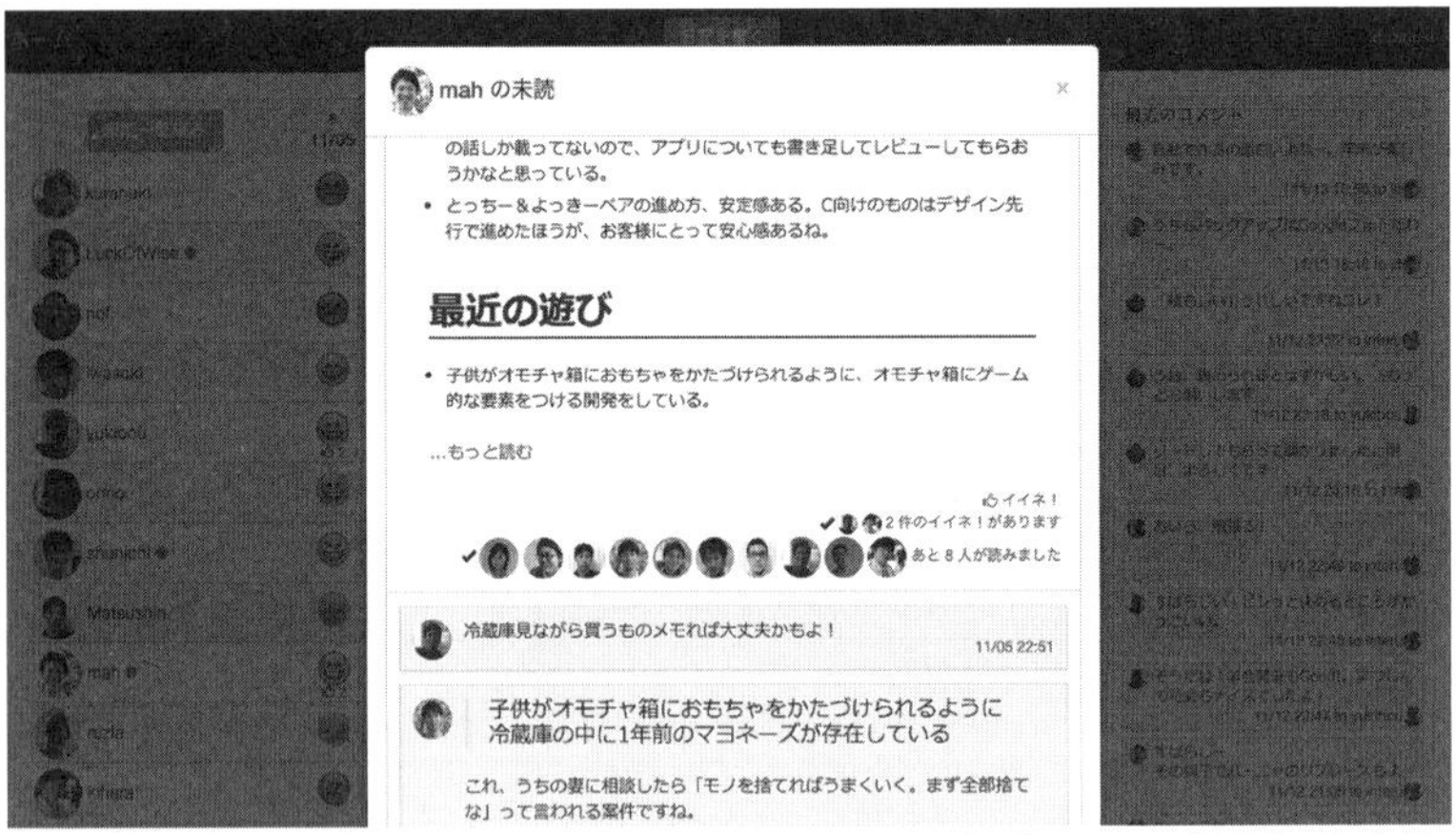

◆◆「日記」のパーソナル・ページの例。自分の日記を誰が閲覧したかは顔写真でわかる。他のメンバーから「イイネ！」やコメントをつけてもらうとうれしいものだ

義務感をなくして、楽しく続けられる日記に

日記には本人にしか書けないことを書いてもらいます。**日記を通じて「そこに働いている人間がいる」と感じられる**ことが、チームの一体感を醸し出します。

日記を通じて管理しようとか、仕事の進捗状況を共有できるようにしようとするあまり、ガチガチに業務一辺倒なものにしてしまうと、義務化されてしまって書くほうも読むほうも面白さが半減してしまい、結局は続かなくなってしまうでしょう。あくまで自主的に、自分たちが楽しいからやるという姿勢のほうがうまくいきます。

チームの問題発見に役立つ日記

ここで少し、著者が知る会社の「日記」活用例を紹介しましょう。

オリジナルのTシャツを作るウェブサービス「TMIX」を展開している株式会社spice life（スパイスライフ）では、花粉症の時期だけ2週間の沖縄滞在をしながらリモートワークを実現するなど、先進的なリモートワーク制度に取り組んでいます。

ここでも日報（日記）の仕組みを用意していて、その中に「ポエム」という欄がありま

す。そこでは、社員が業務とは関係のないことや、日常的な悩みなども気軽に書けるようになっているため、**ちょっとした問題の解決など、心情的な状況の早期発見に役立っているそうです。**

日記として、社員各自が日常的な課題やちょっとした悩みなどを自由に書いてくれることで、管理側としても経営上の問題を事前に察知して先手を打ち、職場環境の改善に結びつけることができます。

誰かが誰かを管理するような仕組みはリモートチームには向いていません。自主的な情報発信をする企業文化がリモートチームを支えているのです。

5 チームが集まるのは半年に一度の合宿で

リモートで働くことが当たり前になっている私たちでも、半年に一度は全員が顔を合わせるために合宿を行っています。一泊二日の合宿は、普段の仕事から離れて、社員同士がとことん語り合う場なのです。

合宿でしかできないことをやる

実際に集まるからといって、仕事や勉強会をするのかというと、それは違います。それらはもうすでにリモートで実現できています。すべてがリモートで実現できてしまうからこそ、実際に会うことでしかできないことをしようと考えた結果、**合宿ではインターネット禁止で夜通し語り合う**ことにしています。

リモートワークを可能にしているのは、インターネットです。インターネットさえあれば、どこにいても仕事をすることができます。そこで逆に考えて、合宿で集まったからこそできることは、インターネットを禁止することでした。パソコンやスマートフォンを使わないことで、目の前で話す人に集中できます。これはリモートワークでは絶対に実現できません。

個人の思いや夢を語り合う

この合宿で話をするテーマは、会社・仕事のことだけではなく、それぞれが個人で考えていること、それも立派な目標や壮大なビジョンを語るのでもなく、それぞれの**個人が抱えている気持ちや思い、これからの夢について語り合って共有**します。

普段の仕事から少し離れて、けれども居酒屋で話すような些細な話ではなく、真面目なことを語り合うのです。

チームで助け合えるかどうかは、ノルマを用意して、仕事の義務感を煽るだけではうまくいきません。一緒に働くお互いの存在を認め合い、人間関係がしっかりと成立していることが前提となります。**相手の人生をより深く知っていること**も、そうした人間関係の構築を助けます。それが顔を合わせて実施する合宿の目的なのです。

オフィスで寝食を共にする

合宿の場所は、その時々で変えていますが、直近の合宿ではあえて自分たちの東京のオフィスで行ってみました。オフィスのテーブルをすべてどけて敷物をしいて、みんなで話し合える場所を作りました。

そして、話しやすくするための演出として、まるでキャンプ場で焚き火を囲むイメージでオフィスの電気を消して、ランタンを囲んで話をするようなスタイルにしてみました。

さらに時間の制限をなくしました。合宿なので普段の会議と違って時間を気にする必要はありません。夕方から始めて夜通しで対話することにしたのです。**寝袋とテントを用意して、そのままオフィスで朝まで一緒に寝る**のです。まさしく「寝食を共にする」時間でした。

大の大人が集まって夜通しで話し合うなんて経験は、めったにあることではありません。徹夜作業で寝泊まりするのとはわけが違います。オフィスという日常空間に非日常を持ちこんで、会社のことではなく個人のことを語り合う。なんだかワクワクしませんか。これはインターネットのコミュニティで行われている「オフ会」のような感覚に近いのかもし

◆◆オフィスに一堂が会して、インターネット禁止でとことん語り合う「合宿」の風景。ふだん会えないからこそ、こうしたフェイス・トゥ・フェイスの交流を大切にしている

れません。

こうした合宿を通じて、普段はリモートで働いているメンバーとも非常に濃密でリアルな時間を過ごすことで、お互いのことをよりわかり合える機会を提供しています。

個人が独立した考えを持ちつつも、チームの仲間のことは仕事を超えて関心を持つことで、仕事でも助け合える企業文化を作るための一つの方法——それが合宿なのです。

6 人それぞれの多様な働き方を許容する

リモートワークの重要なスキルの一つに、自分で働く時間をコントロールできるようになっていることがあります。オフィスに行くわけではないので、自分自身で生活と仕事のバランス、顧客の満足度と働きの成果のバランスを考えながら仕事に取り組まねばなりません。

リモートワークには家族の協力が不可欠

リモートで働くメンバーの多くは在宅勤務ということで、普段は自宅の一室で仕事をしています。これまで会社に働きに出ていた家族が、ずっと家にいて仕事をしているという環境には、最初は家族にも戸惑いやそれなりのストレスがあるでしょう。家にいるけれども仕事をしているという状態を作るためには、家族の協力が不可欠なのです。

在宅勤務のいいところは、仕事の合間に家事を手伝えることでもありますが、家事の合間に仕事をするようになると本末転倒です。そのあたりのバランスは、家族ごとに状況も違う上に、会社でどうにかできるものではないので、自分でコントロールしなければなりません。

いっそのこと、オフィスに通勤していれば、オフィスにいる間は物理的に家事などできないため、しっかりと仕事に集中できたかもしれませんが、その制約がない**リモートワークでは、自分で集中できる環境を作るしかない**のです。

そこでのバランスの取り方は、人によって様々です。私たちの会社でも、働く時間を決めておいて、その時間内はきちっと仕事をする、それ以外の時間は家族との時間、という具合に割り切って一切オンラインにしないというタイプもいれば、臨機応変に家事もやりながら、ずっとオンラインのままで自分のペースで好きなだけ働くというタイプもいます。また、昼寝をするのも自由なので、調子の出ないときはサッと寝てしまうといったことも自分の判断でやって構わないのです。

オンとオフの切り替えを〝小口化〟する

彼らに共通するのは、会社の事業に貢献して成果を出しているということと、チームで助け合うために、日中の主な時間はオンライン状態でいるということです。働く時間以上の成果を出すことができれば、あとは自分に合った働き方を選ぶことができます。

これまでのオフィスに出社する働き方は、オンとオフの切り替えは1日に二度、出勤と退勤のタイミングだけでした。出勤するとオン、退勤するとオフ。しかし、そうした働き方は、仕事時間の単位が大きすぎて、通勤時間など途中に無駄もたくさんありました。

リモートワークが実現するのは、働く時間を小口化することです。人間は集中するといっても何時間もずっと集中し続けられるわけではありません。1～2時間単位で仕事の区切りをつけて休憩をしたりするはずです。そうであれば、その合間に家事をしてもいい、という考え方です。

リモートチームで働くということは、各自が自分の生き方に合った働き方を選ぶことができる、そんな企業文化があってはじめて可能になるのです。

第4章 CHAPTER 4

リモートチームで変わるマネジメント

REMOTE TEAM

リモートチームのマネジメントは、オフィスにおけるマネジメントとどう異なるのでしょうか。

本質的に、マネジメントをすることにおいては、オフィスでもリモートでも違いはありません。ただリモートワークでは、物理的にオフィスに人を出勤させることができない分、よりマネジメントの本質に向き合い、常識に捉われない発想で取り組んでいかなければなりません。

1 リモートチームは信頼関係とセルフマネジメントでうまくいく

リモートワークは「信頼」を前提とする

リモートワークができる根底にあるのは、信頼関係です。どこで働いてもよいということで、私たちの会社では社員たちがどこにいるかを逐一、管理・把握することはありません。家で仕事をしようが、カフェで仕事しようが、旅先だろうと、仕事さえできていれば関知しないのです。それは、どこにいたとしても真面目に働いてくれるという信頼が前提にあるからこそです。

リモートチームで最も怖いのは、リモートのメンバーと連絡がつかなくなることです。近郊に住んでいれば、最悪の場合、自宅まで確認に行くこともできますが、海外や旅先などでのリモートの場合はそう簡単にはいきません。毎日ちゃんとオンラインになって出社

（論理出社）状態になる、休むときは事前に連絡するなど、社会人として当たり前のことですが、少なくともそれができる人でないと務まりません。

指示・命令型マネジメントはなじまない

そうしたことも含めて、私たちが採用で重視するのは「セルフマネジメント」ができる人かどうか、という点です。仕事におけるセルフマネジメントとは、**自分の時間やリソースを自身で把握した上で、どんな仕事にどれだけのコストをかけるかを考えて、誰かに指示・管理されることなく成果を発揮することのできるスキル**です。

セルフマネジメントを求める背景にあるのは、リモートワークに適した問題解決やクリエイティブなセンスが求められる仕事では、上司よりも仕事に取り組む当人のほうが技術力も高くて現場の問題に詳しいケースが多いため、これまでのような指示・命令型の管理スタイルが適さないからです。

また、リモートワークでライフスタイルに合わせて柔軟にオンとオフを切り替えて働くことを許容するためには、細かく監視したり、管理しようとしたりするとコストがかかり過ぎてしまうという問題もあります。

私たちの会社には部署という概念や組織図がなく、上司や中間管理職もいません。誰かに働くことを監視されたり指示・命令をされることなどなくても、メンバーは各々で状況判断しながら仕事に取り組んでいます。だから勤怠管理も進捗管理もありません。リモートワークをするメンバーは各自でセルフマネジメントができているという前提に立って、信頼して任せてしまっています。

そうしたメンバー一人ひとりが、自分で考えて行動するスタイルでこそ、リモートチームのよさを最大限に引き出すことができるのです。

さらにクリエイティブな仕事をする人たちであれば、**ガチガチに管理するよりも自由な裁量で働いてもらったほうが生産性は高くなる**傾向にあります。リモートチームだから生産性が高いのではなく、**セルフマネジメントができる人材が集まったチームは生産性が高くなり、結果としてリモートチームでもやっていける**のです。

2 チームワークを大事にするパーソナリティ

もう1点、私たちが人を見る際に注意しているのは、チームワークを尊重できる人物かどうか、という点です。セルフマネジメントができてリモートワークに向いているとしても、チームで成果を出すリモートチームでは、メンバー同士で協調し、助け合える人かどうかが重要になってきます。**どれだけスキルが高くても、助け合いのできない人をメンバーにしてしまってはチームが崩壊**してしまうからです。

チームワークには「オフィス」も「リモート」もない

リモートワークのメンバーをアウトソース先だと考えるならば、人格まで気にすることなく成果だけを求めることもあるかもしれません。しかしリモートチームで求めているのは、日常的に相談しながら仕事をする仲間であり、その先もずっと一緒にやっていくチームの仲間です。そう考えるならば、やはり気持ちのよい人と一緒に働きたいものです。つまり、オフィスでもリモートでも、チームを組むなら誰と働くのかという点が大事なのは同じだということです。

リモートチームでは、オフィス勤務のように同じ場所にいることもなく、顔を合わせて話をせざるを得ない状況でもありません。そのため、困ったときに、離れた場所にいる仲間と助け合えるかどうか、そうしたチームワークを大事にする人間性をメンバー各人が持っていないと、チームとして機能しません。**リモートチームでは、セルフマネジメントのできる人材が信頼関係で結ばれて仕事をすることでチームとして機能**するのです。

どれだけスキルが高くても、独り善がりであったり、チームや仲間のことに関心を持てなかったりする人とは働けません。このことは、なにもリモートだからではなく、オフィスで仕事をする上でも本来であれば大事なことのはずです。

リモートのほうが仲間に関心を払う

リモートワークを実践してきて私たちが学んだことのひとつは、リモートで働く人とオフィスで働く人の様子を観察してみると、**リモートで働く人のほうが、仲間への関心や情**

報共有に対する意識が高くなる、ということです。

オフィスにいると、すぐ目の前に人がいて、ある意味わざわざ努力をしなくても自然と〝存在感〟が伝わる面もあるため、得てして情報発信を疎かにしてしまいがちです。しかし、リモートで働く人たちは存在感を出すために発信もするし、積極的にコミュニケーションを取ろうとします。

リモートチームにしたことで、一緒に働きたい人のパーソナリティが見えてきたし、採用の際に大事にすべき点も明らかになってきたのです。

3 リモートワークの採用には時間とコストをかけて

リモートチームを実現するためには、採用活動が非常に重要になります。「リモートワークができるから」ということが応募者の唯一の志望理由だったら気をつけなければいけません。あくまで会社の理念やビジョンに共感していて、カルチャーに合う人でなければ、チームに入って力を発揮することは難しいでしょう。

採用は時間をかけて人物本位で

真面目で信頼できること、セルフマネジメントができること、チームとともに協力できること、こうした条件に合った人物を採用するためには、それなりに時間とコストをかけなければなりません。コストをかけられないからと妥協して、向いていない人を採用してしまうと、あとから管理に多大なコストがかかってしまいかねないためです。そうなるくらいなら、事前にコストをかけて、採用における選抜をしっかり行うほうが合理的です。

私たちの会社では、中途採用の場合、応募から採用まで半年ほどの期間をかけて選考を行います。「スキルがあるかどうか」といった判断基準もありますが、それに加えて**「パーソナリティやカルチャーが合うかどうか」**を確認するために時間をかけています。

その選考の期間に何度か面談もしますが、それよりも「作文」を書いてもらって判断材料にしています。面談だけでは、その場の雰囲気に合わせて上手に話ができてしまう人もいて、もちろんそれもビジネススキルとして得難いものですが、それだけで判断するのは危険です。そこで、その人の人間性の本質を見るために、時間をかけても構わないので文章を書いてもらい、その内容で判断します。

作文のテーマは1つではなく、たとえば「あなたが働く上で大事にしていることは何ですか?」「仕事以外では何を大切にしていますか?」といったような質問を「一問一答」の形で、いくつも回答してもらいます。また、社長である私の著書やブログから指定した記事を読んでもらい、その「読書感想文」を書いてもらったりもしています。

「一問一答」は私たちが選考時の参考にするためでもありますが、応募する本人に改めて自分自身と向き合ってもらい、本当に転職したいのかどうか考えてもらう狙いもあります。「読書感想文」では、私の書いた文章を読んでもらうことで会社のカルチャーを知ってもらい、これから入社する会社が自分に合っているかどうかの判断材料にしてもらう意味もあります。

面談もリモートで実施

私たちは採用の面談もリモートで行います。オフィスの通勤圏内にいる応募者であってもオンラインで面談します。オンラインでの対話に抵抗を感じるようでは、入社してからリモートワークができないからです。また、地方にいながら応募してくれるリモート希望の人たちとも公平に接したいということも、理由の一つです。オンラインの面談であれば、応募者当人がリモートの環境を用意できるかどうかもチェックできます。

セルフマネジメントができる人たちで構成されたチームを作り上げることでリモートチームは成立するのであって、その逆ではありません。多くの企業において、**リモートワークの導入を妨げているものは、リモートワークそのものではなく、その背景にあるマネジメントの考え方**ではないでしょうか。

4 全員がセルフマネジメント、全員が管理職のチーム

セルフマネジメントへのプロセス

リモートに限らず、チームとして高い生産性を発揮するためには、セルフマネジメントができるメンバーを揃えることが重要です。一から十まですべて指示して、逐一管理しなければならないのでは、経営にスピード感など出せるわけがありません。チームの目標を理解した上で、各自が自分で現場の判断を行うことができれば、おのずと生産性は高まります。

リモートチームでは、離れた場所にいるメンバーもオフィスにいるメンバーも、場所に関係なくセルフマネジメントのできる人材を求めています。とはいえ、誰もが最初からセルフマネジメントができるわけではありません。セルフマネジメントができるようになるためには、いくつかの段階と成長のポイントがあります。

仕事を分解して考える――タスクばらし

最初に学ぶことは、仕事の分解です。ひとまとまりになった仕事をするときに、思いつくままに時間を気にせずに仕事を進めるとしたら、それは仕事とは言えません。どんな仕事でも、限られた時間の中で、最高の品質で成果を出すのがプロフェッショナルです。

そこで**与えられた仕事があれば、まずはその中身を分解して考える**ことから始めます。仕事には期待される成果があるはずで、その成果を出すためにはいくつかの手順があるでしょう。その一つひとつの作業にまず分解します。このとき、**一つの作業はだいたい30分から1時間で終わる程度にする**のが目安です。

そして、それぞれの作業ごとに、だいたいの時間を見積もります。見積もれない作業があれば、それはまだ経験がないか、分解が足りないのです。経験がないものは仕方ありませんが、そのように分解すると、最初にどれくらいの時間がかかって、始めた後もどれだけ仕事が進んでいるかがわかるようになります。私たちはこのように**仕事を「作業《タスク》」に分解する**ことを「タスクばらし」と呼んでいます。タスクばらしができることがセルフマネジメントに進む第一歩です。

チームの目標を理解し、優先順位を考えて実行する

その次の段階に進むために、自分でどの仕事に取り組むべきか、時間配分も含めて考えられるようになることを目指します。**チームの目標を理解して、どれに取り組むことが最も優先順位が高く効果的なのかを考えて、選べる**ようになれば、管理する側のコストがぐっと下がります。

どんな仕事をするにしても誰かにいちいち確認することなどなく、自分がチームにとって最良と思えることに取り組みます。その優先順位の選び方にコンセンサスが取れていることが重要です。そのためには、チームが目指しているものを深く理解することが求められます。

社員がこの段階までくると、**経営者やマネジャーの仕事は**、社員が働いているかどうかを管理することよりも、**チームが大事にしている価値観やビジョンなどを共有することに**比重が移ります。普通の会社でいえば、**社員の一人ひとりが管理職のようなもの**です。全員が管理職だと考えれば、どこでいつ働いているかなど、細かく管理することはなくなります。全員が管理職なら、リモートで働いても大丈夫なチームになるのです。

5

「ふりかえり」を通じてセルフマネジメントを鍛える

私たちの会社では、**セルフマネジメントができるようになるまでは「ふりかえり」という機会を通じて指導と育成**を行います。ふりかえりは、新卒採用の社員だけでなく中途入社者で、それなりにキャリアのある社員にも行います。私たちが考えているセルフマネジメントの重要さを伝えるためです。

「ふりかえり」のフレームワーク

ふりかえりは、だいたい1週間に一度のペースで、教育係であるメンターと当人の2人で行います。私たちが実践しているふりかえりの手法は、「KPT」と呼ばれるものをベースにしています。KPTとは、Keep、Problem、Try のそれぞれの頭文字を取ったもので、**「Keep＝よかったこと」「Problem＝悪かったこと」「Try＝次に試すこと」**の3つのフレームワークで考える手法です。

ふりかえりで確認するのは「仕事の進め方」についてです。ふりかえりは、仕事の進捗や報告の場ではありません。普段の仕事をしているときとは少し視点を変えて、自分たちの仕事の進め方を外から見るようにして考えます。そのため、通常の会議とは別の時間を取って実施しています。

最初にKeep（良かったこと）とProblem（悪かったこと）を洗い出します。そのもとになるのは、前回のTry（次に試すこと）と実際にやったことです。KとPを出していく際のポイントは、起きた事象そのものだけではなく、よかったことや悪かったことに至るプロセスを明確にすることで、それぞれをホワイトボードに書き出していきます。

メンターがチームの哲学や価値観を伝える

その段階でメンターがレビューを行います。メンターは、そこで出たKとPの内容について、それぞれの理由を問い掛けます。一つひとつの判断には理由があり、その結果としてKとPがあるわけです。その理由を聞くことで、チームの考え方とのズレを確認し、改善できるところを探り、一緒にTを考えます。

◆◆「ふりかえり」はリモートでも実施する

そのレビューの中で、熟練者であるメンターが「自分だったらこう判断する」という考え方を伝えていくことで、その**背景にあるチームの哲学や理念、価値観といったものを伝えていく**のです。

このふりかえりのレビューを続けていくうちに、自らの過去の行動を改善することが習慣化されていきます。最終的には、ふりかえりのミーティングをやらなくても、メンターがいなくても、一人で仕事をしたときは自らふりかえりを実施して、改善していけるようになることを目指します。

いずれ息を吸うように当たり前に、**無意識のうちにふりかえりができるようになって初めて、セルフマネジメントができている**と言えると私たちは考えています。そこに至るまでは、定期的にふりかえりの機会を設け、メンターがそのレビューを行うのです。

6 オフィスとリモートで環境の差を作らない

情報はクラウドで管理する

リモートチームを実現するためには、オフィスにいようとリモートだろうと、分けへだてなく会社の情報にアクセスできるようにしておく必要があります。そのために、少なくともペーパーレスで業務がまわるようにしなければなりません。**紙を中心に仕事をまわしているようでは、リモートワークは覚束ない**と言えるでしょう。

私たちの会社では、社内におけるすべての情報をクラウドのサービスを使って管理し、共有するようにしています。たとえば、経営に関する売上などの計数情報から、社員情報、顧客一覧、請求書の発行管理、経費申請の仕組みなどまで、すべてクラウドにあります。

「クラウドに情報を置いておいて不安はないのか」という点については、「本当に大事な情報や資料が特定のパソコンにだけ入っている」という状況よりもよほど安心できると考えていますし、なにより社内にサーバーを置くことに伴う盗難などの物理的なリスクを考えれば、インターネット側に置いて管理できるほうが安全です。

そのため、私たちの会社はＩＴ企業にもかかわらず、オフィスにはサーバーなどの機器や設備は一切置いていません。オフィスでも全員がノートパソコンを使って仕事をしています。そのためオフィスの座席もフリーアドレスにしていて、誰がどこに座って仕事をしてもよいようにしています。

計数管理、事業計画	Google Sheets
社員台帳	サイボウズ kintone
請求書の発行管理	Zoho インボイス
経費申請	Google Sheets
利用規約、契約書	Google Docs
議事録	Hackpad
営業資料の共有	Dropbox

◆◆管理する情報によってクラウドサービスを使い分けている

自宅のリモート用備品は会社が用意する

リモートワークをするメンバーたちは、自宅で仕事をすることが多いのですが、地方に住んでいるということもあって、家がそれなりに広くて、集中して仕事ができる場所があり、そこで日々の仕事をしています。彼らはオフィスに座席を持つ必要がないので、その分は会社の負担が楽になります。とはいえ、**コスト削減を目的にしてリモートワークをしているわけではないので、それぞれが自宅で使う机や椅子などの設備は会社の経費で購入してもらう**ようにしています。また、オンラインの会議を快適にするために、太いネット回線を用意することはもちろん、カメラやマイクなどの周辺機器にもしっかりコストをかけて品質のよいものを揃えるようにしています。

オフィスとリモートをつないで会議するときに、オフィス側は何名かで集まってオンライン会議に参加することがありますが、そうした際にリモート側からは全員の顔が見えないと会話に参加しにくいという問題があったのですが、広角レンズのカメラを導入することでその問題は解決しました。

7
朝礼の代わりに配信する「社長ラジオ」

セルフマネジメントのチームで経営者やマネジャーが腕をふるうべきは、細かい作業や勤怠・進捗の管理などではなく、チームが目指す方向性やビジョン、価値観などを社員に伝えていくことです。その部分で共通認識ができていれば、メンバー各々が判断することでチームは前に進んでいきます。

ビジョンの浸透は「社長ラジオ」で

では、リモートチームでは、どうやってビジョンや価値観を伝えていけばいいのでしょうか。人数が少ないうちは何度も面談をしたり、一緒に仕事をする機会を通じて伝えていくことができます。しかし、メンバーが10人を越えてくると毎日全員と一緒に仕事をするというわけにはいかなくなります。

もしリモートでなければ、朝礼を開いて全社員を集め、ビジョンや価値観などを直接語ることで伝えていけばよいかもしれません。しかし、リモートチームの場合はそうはいきません。どこで働いてもよいし、いつ働いてもよいというのがリモートワークのコンセプトですから、全員を定期的に決まった時間に、しかも物理的に会議室などに集めることなどできないのです。

そこで私たちの会社で取り組んでいるのは、**社長である私自身が毎朝5分間の音声メッセージを録音してメンバーに配信する**ことです。これに対してメンバーは、各自のスマートフォンに配信されるその音声メッセージを、自分の都合のいいタイミングで聞いて、社内のコミュニケーション・ツールでコメントをフィードバックします。

この取り組みを社内では**「社長ラジオ」**と呼んでいます。社長である私は毎朝、音声メッセージを録音しなければならないのですが、時間はわずか5分間、聞いているのは社員などの限られたメンバーなので、大した負担もなく配信することができます。また聞く側にとっても、5分間だけなので、通勤途中や子供の送り迎えの間などに気軽に聞いてもらえます。

◆◆毎朝配信される５分間の「社長ラジオ」のメニュー

8

「社長ラジオ」があれば、離れていても親近感アップ

社長ラジオで話す内容は様々です。社内の近況であったり、社長である私が普段考えていることや、会社で大事にする価値観などを伝えたりするようにしています。社長ラジオの話を人にすると、「毎朝そんなに話すことがありますか?」とよく聞かれますが、その時々に読んでいる本や、いいことをした社員を褒めるなど、1日5分だけなら話題はいくらでもあります。

5分の制約があるから形式ばらずに伝えられる

むしろ5分間という時間がよい制約になっています。社内に向けてブログや文章を書こうとすると、やはりきちんと伝えようとするあまり、どうしても文章が長くなってしまい、読む側にとっても負担が大きくなります。また、文章の形にしてしまうと社内に向けた決

定事項のように受け取られることになりがちですが、どちらかというと途中経過を伝えることが大事で、ラジオ形式でしゃべるのはそのニュアンスにちょうどいいのです。

経営をしていると様々な施策を打ち出します。その**検討プロセスを社内に伝えていくこと**も、**セルフマネジメントの自律性を高めるための手段の一つ**です。

社員にしてみれば、どんな経営施策も、すべてが決まってしまった後で聞かされると納得感が薄れるものです。経営側が検討している途中経過をこまめに伝えていくことで、社員は会社の状況や外部環境、経営サイドの思考過程を理解し、会社の施策への強い共感を持つようになります。その共感の有無が、施策に対する取り組みの姿勢を変えるのです。こうした途中経過の共有手段として社長ラジオは最適です。

社長の言葉がダイレクトに伝わる

また、社長ラジオを毎日聞いてもらうことで、社長である私が毎日オフィスに行かなくても、社員から親近感を持ってもらえます。毎日のようにテレビで見掛ける芸能人に、自然と親近感が湧いてくるのと似た心境かもしれません。私からは「1対多」で一斉に配信していますが、聞いている側にとっては自分自身に語り掛けられているように感じるので

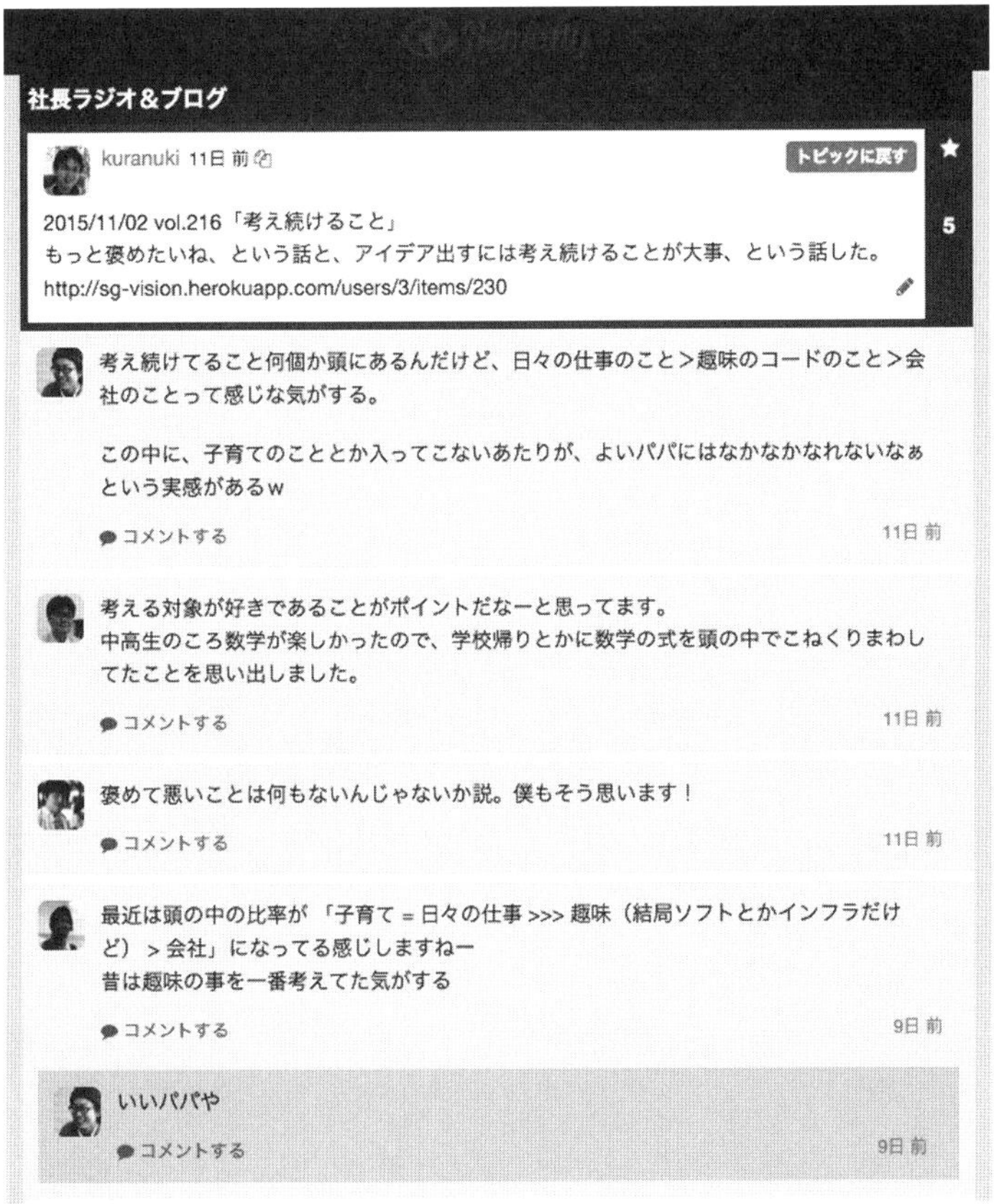

◆◆「社長ラジオ」に対して社員から寄せられたコメント。率直な感想がつづられている。面と向かってだと言いにくいようなことでも、ネットだと書きやすいのかもしれない

しょう。いくら社員数が増えてもそのまま通用することも社長ラジオのよい点です。

リモートチームを実現できるセルフマネジメントの浸透したフラットな組織にとって、社長との距離が近いことは非常に重要です。これまでの組織であれば中間管理職が社員に伝えなければいけなかったことを、社長ラジオを活用すれば社長が自らの言葉で直接伝えられるようになるのです。**社長と社員をつなぐ「社長ラジオ」**はリモートチームを成立させるために欠かせない大切な要素なのです。

9 リモートチームにおけるメンバーの評価

リモートチームの前提には、社員一人ひとりのセルフマネジメントがあるとして、それをどうやって評価するのでしょうか。オフィスで働く前提ならば、少なくともオフィスにいる時間に、その働きぶりを評価することになります。しかし、本当にそれで評価できているのかといえば疑問です。

時間での評価が難しい仕事

肉体労働ならば働いている様子が見えるし、誰にでも同じような生産性が期待できて、決められた時間さえ働けば一定の成果が出せるような仕事であれば、時間で管理することも可能でしょうが、クリエイティブな仕事の場合はそうではありません。どれだけのスピードで仕事をしているのかが見えないし、時間をかければかけるほど成果が出せるのかというと、そうでもありません。**そうなるとリモートだろうとオフィスだろうと、時間ではなく成果で評価するしかない**のです。

成果とはチームのもの

ROWE（Result-Only Work Environment）という言葉があります。「完全結果志向の職場環境」と訳されますが「仕事をこなしている限り、個々人は何をするのも、いつするのも自由」という考え方を取り入れた経営戦略のことで、社員に求められるのは仕事の成果だけです。

私たちの会社もROWEをベースに考えています。私たちがアレンジしているのは、その**成果とは個人の成果ではなく、チームの成果である**とする点です。個人評価ではなく、あくまでチーム全体でよい結果が出れば全員で分配し、チーム全体が悪ければ全員が責任を負う形になります。そのため個人ごとの成果と報酬は連動させていませんし、評価を下すこともしていないのです。個人よりもチームでの成果を大事にすれば、チームでの助け合いが自然と生まれます。

そして、社員の働くモチベーションとして報酬だけを重視するのではなく、その仕事そのものを楽しむことや、自分の生活にあったワークスタイルを選べること、仲間を助けることや顧客に喜んでもらうことなどの内発的動機も大事にしています。

私たちの会社では給与の設定は年俸制にしていて、仕事をしてもしなくても基本の給与は年間で保証しています。それとは別に賞与はチーム全体で山分けをするようにしています。これは一般的な会社よりも、**相互に助け合うコミュニティのようなあり方**に近いかもしれません。

たまに、「地方の社員を雇うのは低い給与で雇えることにメリットがあるから」と勘違いされることがあります。もしかしたら、そういう観点でリモートワークを推進しようとする会社もあるかもしれませんが、私たちの会社では「安く雇えるから」といった目的はまったく考えていません。だから**東京に住む社員も、地方に住む社員も同じ給与水準**としています。

10 リモートワークを特別扱いしない

全社員がリモートワークの前提で

リモートワークを導入する上でマネジャーがもっとも気をつけるべきことは、**リモートワークのメンバーを特別扱いしない**ということでしょう。リモートワークであることのハンディキャップを持たせないようにすべきですし、むしろ最初から**社内の全員がリモートワークであるという前提**で仕事をするくらいでちょうどいいのです。あらゆることをリモートワークを前提にして公平に考えるのです。

たとえば、社内のちょっとしたコミュニケーションでも、近づいて直接声を掛けるのではなく、チャットで済ますということにしてもよいかもしれません。よく「チャットを多用してしゃべらない人がオフィスにいて困る」「隣にいるんだから直接話をしろ」みたいな話もありますが、リモートの人のことを考えるなら、直接声をかけるよりチャットで済ませるほうがむしろよいのです。そうなれば、リモートのメンバーからも誰が誰に声をかけているかがわかるため、疎外感を感じることも少なくなります。

こうしたリモートワークを前提に、メンバーの考え方を変えていくためには、会社であれば社長などのリーダー自らがリモートワークを実践するべきでしょう。リモート側の気持ちがわからなければ、リモートワークをうまく定着させるためのアイデアも湧いてきません。

リモートなら誰とでも等距離の関係

私たちの会社でも、今では社長の私もリモートワークが中心で、週に1～2日だけオフィスで働くようにしています。どうしても来客や取材などの用件があるので、それらを1～2日にまとめてこなせるようにスケジューリングしてるのです。

私が会社に顔を出す日数が少なくなって、その分社員とのコミュニケーションが減ったかというと、むしろ増えたように感じています。オフィスにいればどうしても近くにいる人と話をする傾向にありますが、**リモートの場合は誰とでも同じ距離感でいられる**ため、分けへだてなく話をすることができるし、声もかけやすくなりました。これはリモートチームのために用意したツールを使うことで得られたメリットです。

このように私自身がリモートトワークをする日数を徐々に増やしていったことで、リモートワークならではのよいところと、課題となる点などを身をもって体験することができました。リモートワークを推進する上での障壁なども実感としてわかるようになったので、その環境を改善していくことができたのです。

長くリモートチームをやってきて、離れて働くことが日常的になったとしても、人と人との関係作りといった本質的な部分は何も変わらないということを痛切に感じています。逆に言えば、**どんなことも物理的である必要がない**と考えるように、自分自身の中でパラダイムシフトが起きました。

これまでのオフィスで働くこととの違いは、物理的に顔を合わさず、リモートで〝顔を合わす〟ということだけです。とはいえ顔を合わすことは変わりません。たとえインターネット越しであっても、私たちはフェイス・トゥ・フェイスで仕事をしていると感じているからです。

第5章 CHAPTER 5

リモートチームで変わるワークスタイル

REMOTE TEAM

リモートチームで働くということは、これまでのワークスタイルを変えることを意味します。

通勤がなくなって時間の自由度が増すかわりに、自分でコントロールしなければならないことや、離れた場所で働く同僚とのコミュニケーションで気をつけるべきことなど、これまでとは違うワークスタイルについて紹介します。

1 自宅で働く場所を確保する

リモートワークをしているメンバーの多くは在宅勤務をしています。場所にとらわれないといっても、通勤する必要がないというだけで、転々と居場所を変えるということはなく、日々の仕事は自宅でするケースがほとんどです。そうした在宅勤務の課題は、自宅に仕事ができる場所があるかどうかです。

家族にもストレスがかかる

家族がほとんどの時間を自宅で過ごしている家庭の場合、皆が集まるリビングなどで仕事をするのは難しいでしょう。仕事に集中しにくくなるのはもちろんのこと、リモートチームだと仕事中はいつでもチャットで声掛けしてテレビ会議を始めたりするので、まわりに家族がいるとやりにくいのです。

家族から見ても困ったことになります。リモートワークの場合、仕事中はパソコンに向かっているのですが、それが本当に**仕事をしている時間なのか、それとも個人の時間なのか、外から見ただけでは判断がつきません**。家族にしてみると、声を掛けていいのかどうかわからないので、そのことが大きなストレスになってしまいます。

在宅勤務で働く当人と家族の間でのギャップはまだあります。在宅勤務中とはいえ、家族からすれば家にいるのだからと、つい家事の手伝いを頼みたくなってしまうものですし、見えるところにいれば話し掛けたりもするでしょう。しかし働いている本人は仕事中のモードになっているので、話し掛けられたり手伝いを頼まれたりすると困ってしまうのです。

在宅勤務で家族皆の幸せな生活が待っていると思いきや、お互いに不幸になってしまうということも起きないとはいえません。

やはり在宅勤務をするときは、普段の生活スペースから切り離された場所（部屋）を確保すべきでしょう。地方で働くメンバーの場合、そのあたりの住宅事情には恵まれていることが多く、書斎などの仕事に使える専用の場所を持っていたりします。家族とは、その場所にいるときは仕事中である、といった約束事を決めておくとよいかもしれません。

在宅勤務を始めると、それまでは出勤していて不在だった人が、ずっと家にいることになるので、本人はもちろんのこと、家族にとっても大きな変化となります。一緒に住んでいる家族にとっても生活のペースや習慣があるので、在宅勤務を始める際には家族の間でも〝慣らし運転〟が必要かもしれません。

家族への感謝を示す「家族旅行」

このようにリモートチームは家族の協力なしには実現しえないのです。私たちの会社では、そんな家族への感謝を込めて年に一度の「家族旅行」を実施しています。いわゆる社員旅行とは少し違い、全国各地に散らばっている社員たちだけでなく、その家族も招待してささやかな

◆◆自宅に設けた仕事専用デスク。オンとオフを切り分ける意味もある

旅行に行くのです。

その旅行の一環でオフィス見学を行ったり、会社のことを知ってもらう機会にしたりしています。

このような機会を利用した家族同士の交流も、大事なことだと考えています。

リモートワークだと、**働く本人以外には会社の存在がどうしても見えにくくなってしまう**ので、家族旅行や会社見学といった取り組みを通じて家族の人たちにも安心してもらえるようにしています。

◆◆「家族旅行」のスナップ。文字通り家族ぐるみの親睦を図るいい機会になっている

2

仕事以外で関われる仲間を見つける

在宅勤務は、家族との時間をたくさん持てるというメリットがある一方で、オフィスで働くメンバーとのレクリエーションの時間を持てないのはデメリットになります。

社外のコミュニティに仲間を作る

たとえばオフィスにいれば、ときには仕事帰りに同僚と一緒にお酒を飲みに行ってストレスを発散させることもあるでしょうし、会社の仲間と一緒にフットサルなどのスポーツに興じることもあるでしょう。しかし、在宅勤務の場合だと、さすがにそういった身体的なアクションを伴うことだけは気軽には実現できません。

そこで、**自分たちの地元でそういった一緒に楽しみに興じることのできる友人や仲間を見つける**ことが、リモートワークを続けていく上で大きな意味を持ちます。

エンジニアであれば、今は全国各地で勉強会などがたくさん開催されています。会社という枠を超えて、人々が勉強したいテーマのもとに集まるようなコミュニティは、自分の勉強のために参加することも目的ですが、参加している人たちは同じことに興味のある人たちなので、勉強会後の懇親会なども楽しい時間になりますし、そこで気の合う仲間が見つかることも多いはずです。

自分で〝第3の場所〟を立ち上げる

もし、地元に**希望する勉強会がないのなら、自分で開催してしまう**のもありでしょう。

実際、私たちの会社の兵庫県西脇市で在宅勤務をしているメンバーは、プログラミング言語〝Ruby〟を勉強するためのコミュニティ〝西脇.rb〟を自ら立ち上げて、そこで仕事以外の仲間を作っています。仕事以外でリーダーシップを発揮する場があることで成長の機会になるし、**家庭・仕事とは別の第3の場所があることも、よいリフレッシュの機会に**なっているようです。

また在宅勤務でも、ときには「コワーキングスペース」を使うのもよいでしょう。コワーキングスペースとは、仕事をするための場所をオープンスペースとして貸し出しているもので、主に個人で活動しているフリーランスや起業家などが自身のワークスペースとして使っています。

コワーキングスペースはその名の通り、個室を貸し出す形ではなく、そこで働く人たちが交流や懇親を図りやすいように設計されており、利用者同士の交流のためのイベントなどを開催しているところもたくさんあります。こうしたコワーキングスペースを利用することで、**地元でも同じようなワークスタイルをしている人たちと出会うきっかけになる**はずです。

このように在宅勤務の場合は、ずっと家に引きこもるのではなく、あえて家から出る機会をもうけることで、新しい出会いや対人交流が生まれて、それが仕事以外の刺激にもなります。

そうした**仕事以外のコミュニティに参加することで、仕事の仲間だけが社会のすべてという考え方でいるよりも人生の幅を広げてくれるし、それはクリエイティブな仕事をしていく上で大きな糧ともなる**でしょう。

3 出張先でもいつもと同じように働く

リモートワークを前提とする場合に、出張の取扱いはどうなるのでしょうか。これまで出張といえば、オフィスを離れて地方に行くことになるので、しばらくは連絡がつかないなどということもあったでしょう。しかし、リモートワークが前提となったら、出張中でも普段と変わらず普通に仕事をすることができるようになります。

出張中でも、パソコンがあってインターネットにつながりさえすれば、そこにオフィスがあるようなものなので、いつでも「いつもの仕事中」と変わりはありません。つまり、よい悪いはさておいて、どこにいてもいつも通りに仕事ができるということです。

私は出張の機会が非常に多いのですが、普段から在宅勤務をしていることもあって、出張は特別なことではなくなりました。少しだけ移動時間が長くなるので、飛行機に乗っている間などは連絡がつかなくなりますが、日本国内ならそれも長くて数時間のことです。

何日も連絡がつかないようなことはありません。どこにいても、いつもと同じように仕事をこなしているので、社内の人たちからすると、私がどこに出張に行っているのか、気にもしていないでしょう。

移動と仕事を切り離せる

そうなると、出張に行くための時間の制約も外れます。これまでだったら社内の打合せがあるからといって、日帰り出張をしていたかもしれないところを、打合せは出張先からリモートでできるようになるので、慌てて帰るようなこともなくなります。週末の出張であれば、なんだったら、そのまま一泊追加して旅行にしてしまえます。いや、週末でなくても、仕事を続けながら出張先の地方を見て回ったりすることもできるのです。

出張とは違いますが、私たちの会社のメンバーの中には、年末年始などの長期休暇の際には、日本中が混み合う時期をずらして、ピークよりも早めに実家に帰省し、休暇の後はUターンのピークが過ぎてから東京に戻る社員もいます。そして、実際に休暇を取った日以外は、リモートワークでいつも通りの仕事をしているのです。**リモートワークが当たり前になると、移動と仕事を切り離して考えられる**ようになります。

4 リゾートに行って働く「ワーケーション」

ワークとバケーションの融合？

最近「ワーケーション」という言葉も出てきました。これは「ワーク」と「バケーション」を組み合わせた造語で、**リゾート地などにバケーションに行きながらも、そこで仕事もするという新しいワークスタイル**のことです。たとえ休暇中であっても結局は仕事のことが気になって、ついついメールチェックなどをしてしまうようなら、いっそ割り切ってバケーション中に仕事をしてしまおうという発想です。そのメリットは、働くとはいってもリゾート地にいるため、仕事の時間以外はすぐに旅先でのバケーションに切り替えて楽しむことができることです。

これまでの休暇といえば、まとまった日数の休暇を取って、その限られた時間の中でどれだけイベントを詰め込んで遊ぶか、という発想だったかもしれません。それは休暇中には仕事ができないという前提だったからです。ところが、旅先でも仕事ができるならば、ちょっと長めに滞在して、仕事と遊びを両立させるのは悪くないアイデアではないでしょうか。

考えてみれば、普段やっている仕事も、ずっと働きっぱなしというわけにはいきません。食事の時間だけでなく適度に休憩を取ってリフレッシュしながら、仕事をしていると思います。休息やリフレッシュはよい仕事をするためにも、とても大事なことです。その休憩の時間がいつもより長めで、リフレッシュの場所がリゾートだというくらいに考えれば、ワーケーションはそれほど特殊なことではない気もします。

定年退職まではずっと働き通しで、定年になったら一気に遊ぶというよりも、若いうちから仕事と遊びをバランスよく両立させたほうがよいですよね。ワーケーションは、それをさらに推し進めた形かもしれません。

もちろん、ワーケーションはまだ始まったばかりの新しいワークスタイルなので、これから多くの問題も出てくるかもしれませんが、働き方のバリエーションを広げる可能性は大いにあります。**ワーケーションが実現できるのも、リモートワークの環境にあることが**

前提になります。出張だろうと、旅行だろうと、どこにいてもいつもの仕事ができるからこそなのです。

私たちの会社にも、ワーケーションのような形で、1年間、アイルランドを拠点にしてヨーロッパ中を旅しながら日本の仕事をしていたメンバーもいます。時差の関係もあって、アイルランド側は早朝から午前中いっぱいを仕事の時間にあてることで、日本のワークタイムに揃えていましたが、それによって、午後からは自分の時間としてヨーロッパの旅を満喫することができたのです。

働く場所に対する意識を変えていくことで、ワークとライフのバランスをとりながら、リモートチームの一員として立派に仕事をこなすことができるのです。

5 毎日の習慣とリズムを作ろう

在宅勤務のメリットは通勤時間がないことです。いつでも仕事をすること（オン）ができるし、いつでも終わること（オフ）ができるのですが、**オンとオフの境界線を自分の中で持っていないと、集中して仕事に取り組めなくなってしまう**ことがあります。仕事に集中する時間と、そうでない時間の切り替えのリズムを作ることは、リモートワークをする人が特に気をつけなければいけない点です。

頭のスイッチを切り替える「朝会」

通勤時間によって意識を切り替えて仕事モードに入るという人も多いでしょうが、通勤時間のない在宅勤務で意識を切り替えるためにおすすめなのが「朝会《あさかい》」です。よくある会社の朝礼というよりも、一緒に仕事をする**少人数のチームで、その日にする仕事をお互い**

に**確認するミーティングが朝会**です。

長い時間はかけずに5分から10分でサッと終わらせるのがポイントで、もちろんテレビ会議のツールを使って行います。

毎日決まった時間の朝会で仕事仲間と挨拶などを交わすことで、頭のスイッチを仕事モードに切り替えることができますし、その時間に間に合うように着替えなどの仕事の準備を済ませるような習慣になるのもよいことです。

500万を超える楽曲から店舗向けのBGMを配信する「モンスター・チャンネル」という音楽事業会社の株式会社モンスター・ラボでは、鹿児島を含む4拠点からのリモートワークを実現しています。彼らも朝の9時半から各地の拠点をつないで朝会を行っています。同社の朝会で面白いのは、連絡事項等の確認をするだけでなく、ランダムに選ばれた3人が3分程度ずつ仕事以外の話をする「Good & New」を取り入れていることです。こうした取り組みは、お互いのことを理解し合うきっかけにもなって、チームワークを高めるはずです。

また、リモートワークでは、仕事をどこで切り上げるかがあいまいになります。オフを意識しなければ、ダラダラと続けてしまうことになりがちなのです。しかし、在宅勤務の場合は夕食を家族と一緒にとることが多く、家族からのプレッシャーもあるので、それがある程度の区切りにはなります。また、私たちの会社では日記を書くこと（第4章参照）を推奨していて、毎日18時半になったら「日記を書いて仕事を終えよう」という通知が届きますが、これも仕事を切り上げるきっかけになっています。

仕事以外もスケジューリングしておく

通勤があると、どうしても交通機関の遅延や車の渋滞などによって、自分でコントロールできない時間のロスが生じますが、在宅勤務ではそれはありません。**打合せなどをスケジュールに入れておくのと同じように、仕事以外の時間もスケジューリングしておけば自分で時間をコントロールするのに有効**です。定期的なスケジュールを組んで、意識的に毎日のリズムを作り出すことが、在宅勤務を続ける上で精神的な安定を保っていけるポイントになります。

在宅勤務に移行したことで本を読む時間が減ったという人もいます。オフィスで働いていれば、通勤時間が格好の読書時間になっているという人も多いでしょう。本を読むのは大切だと思っていても、つい疎かにしてしまいがちです。それを習慣化するのに、通勤時間という、持て余した時間を読書にあてるのは非常にいい動機づけになります。

しかし、ないものはしかたがありません。**通勤時間のない在宅勤務の場合は、あえて本を読むこともスケジュールに入れてしまう**のがよいでしょう。

私たちの会社のメンバーでも、読書の時間をスケジュールに入れている人がいますが、どんな本を読んでいるかも情報共有できるし、自分に近いまわりの人が読んでいると思うと自分も刺激されて、積極的に読書に励むようになります。

働く上でリズムができると、オフィスで働くよりも健康的な生活を手に入れることができます。オフィスでの残業続きで、自宅に帰ってから夕食をとろうとすると、どうしても遅い時間の食事になってしまいます。これは毎日のことだけに、身体への負担は計り知れません。

在宅勤務なら、たとえ仕事が立て込んでいたとしても、夕食は家族と一緒にとることができますし、そのほうが肉体的にも精神的にも健全だといえるでしょう。もし仕事が残っているなら、夕食後すぐに取り組むこともできます。もちろん、残業などないのが一番ですが、オフィスで深夜遅くまで働くよりはよいでしょう。

6 リモートワークで健康になる！

通勤時間の浮いた分を運動にあてる

リモートワークというと、多くの人が心配することの一つが運動不足です。オフィス通勤していたときには、最低でも毎日、駅までは歩いたのに、それすらもなくなってしまいます。一日中ずっと家にこもってパソコンに向かっていれば、運動不足になるのは当然のことです。もしかすると、この**運動不足が原因で健康を害することこそが、在宅勤務を続けていく上での最も大きなリスク**かもしれません。

とはいえ、運動をするのはよいことだとわかっていても、きっかけがないと実際にはなかなか運動する気にはなれないかもしれません。私の場合、リモートワークを機に運動を始めることにしました。通勤時間がなくなってできた時間で、以前からやりたいと思いつつ、時間がなくて諦めていたジョギングやウォーキングを始めたのです。やはり1日1時間でも運動することができれば、身体の調子はずいぶん違います。

1時間の運動というと、とても大変な感じがしますが、ウォーキングであれば1時間なんてすぐに過ぎてしまいます。**1日に1時間という時間でさえ、これまでの通勤時間に比べれば、多くの人にとっては大したことはない**のです。

「時間」を目標にすればよい習慣ができる

「よい習慣」は、決意するだけでは身につきません。決意するだけでできるなら、誰だってできます。**習慣化に必要なのは決意ではなく、時間**なのです。また、ウォーキングでもジョギングでも、距離やスピードを目標にすると続けられません。「1日に10km走ろう」「家から河川敷までの往復5kmを20分で走ろう」というのはなかなか高いハードルで、そうそう続けられるものではありません。**目標にするのは、時間です。自分でコントロールできるのは時間だけ**なのです。1日に1時間運動すると決めて実行し続ければ、いずれ習慣になるでしょう。

これも最初のうちはスケジュールに入れてしまうのがよいでしょう。リモートワークを始めると、最初はどうしても、通勤時間など無駄な時間がなくなった分、そこに仕事を入れてしまいがちです。しかし、忙しさのためによい習慣をなくしてしまうと、それがかえってストレスになりかねないのです。

ストレスを減らして、毎日運動をして、規則正しい食生活にすれば、健康になるのは間違いありません。実際、私はリモートワークを進めたことで、少々重かった身体もずいぶん軽くなりました。身体が軽くなると気持ちも前向きになります。**リモートワークは生活習慣を変えるきっかけ**になります。そこで、どう変えるのかは自分の選択次第になりますが、健康を目指したい人にとっては、リモートワークはとてもよいワークスタイルではないかと思います。

リモートワークで得られるのは、ただ単に家で仕事ができるということではなく、**自分でコントロールできる時間の量が増える**ということです。**場所から自由になるということは、時間からも自由になる**のに等しかったのです。

第6章 CHAPTER 6

リモートチームで起きる課題を解決する

REMOTE TEAM

リモートワークは、現状ではまだまだ普及しているとは言い難く、その中身については誤解している人も少なくありません。

リモートワークでの仕事を敬遠している人の言い分としては、仕事中に孤独になるのが嫌だという話や、みんなでオフィスで集まって話し合わないとよいアイデアは生まれない、オフィスに行かないとサボってしまう、などといった話を聞きます。そういった誤解を解消します。

1 リモートワークは人を孤独にするか？

多くの人が考えているリモートワークに対する大きな誤解は「リモートワークをすると孤独感で辛くなる」というものではないでしょうか。

この誤解を生み出した大きな原因は、リモートワークとクラウドソーシングを混同してしまっている点にあると考えています。

リモートワークとクラウドソーシングは同じではない

インターネット越しに仕事の発注と受注ができるクラウドソーシングと、物理的に離れた場所で仕事をするリモートワークの相性はバツグンです。ただし、クラウドソーシングの仕事のスタイルだと、発注者と受注者がしっかり分かれていて、頼まれた仕事を頼まれた期限ですることになるので、その仕事中、受注者は一人での作業が主になるため、孤独感を感じてしまうことがあるかもしれません。

そのため、リモートワークでクラウドソーシングの仕事をしていれば孤独感の問題は避けられません。ただ、それはリモートワークだからというよりも、クラウドソーシングで、つまり外注先として働いていることに起因しているのです。その問題解決のために、第5章でも述べたコワーキングスペースなど、交流できる場所へ行って仕事をするフリーランスの人もたくさんいます。

一方、リモートワークで働く人が、すべてクラウドソーシングで仕事をしているわけではありません。**私たちがやっているリモートチームは、チームで協力して働くリモートワーク**です。この働き方は、物理的にオフィスに集まることがないだけで、オフィスで働くのと同じように、ツールを使って互いの顔を見ながらミーティングしたり、雑談や相談をしながら仕事を進めています。場所は離れていても、基本的に働く時間を合わせているのが特徴です。

仕事中の孤独感は、ちょっとした相談がしにくいことや、お互いの近況がわからないことから生まれます。**リモートワークであっても、仲間と気軽に雑談したり、相談したりできる環境さえあれば、孤独感は解消できる**のです。逆に同じオフィス内であっても、同僚との関係が外注先に仕事を頼むのと同じようになってしまうと、孤独感を抱いてしまうのではないでしょうか。

私たちの場合は、第2章で述べた働く仲間の顔がいつでも見えるツール（Remotty）を使っていて、仕事中はメンバー全員がそのツールを必ず起動しておくことで、いつでも顔を見て気軽に相談できるようになっています。

打合せなどが必要な際にだけツールをつないで、普段はオフラインというのでは、個人の作業中に孤独を感じるかもしれません。

しかし、仕事中は常時お互いの顔を確認できるようになっているので、オフィスにいるのと同じ感覚になります。何より働いているのが自分だけじゃないと思えたら、それだけで孤独感は解消されるのです。

孤独感は人間関係の問題

チームの中で孤独を感じるのは、同じオフィスにいても起こりうることです。

たとえば、**誰にも頼ることも頼られることもない職場環境だとしたら、たとえ同じオフィスにいてもきっと孤独を感じること**でしょう。それは人間関係の問題だからです。もしチームの人間関係に問題があるのなら、オフィスで集まって働いていたとしても、その孤独感を拭うことなどできません。

孤独を感じるならば、リモートワークのせいにするのではなく、自分たちの人間関係に問題がないかを考えてみるべきです。

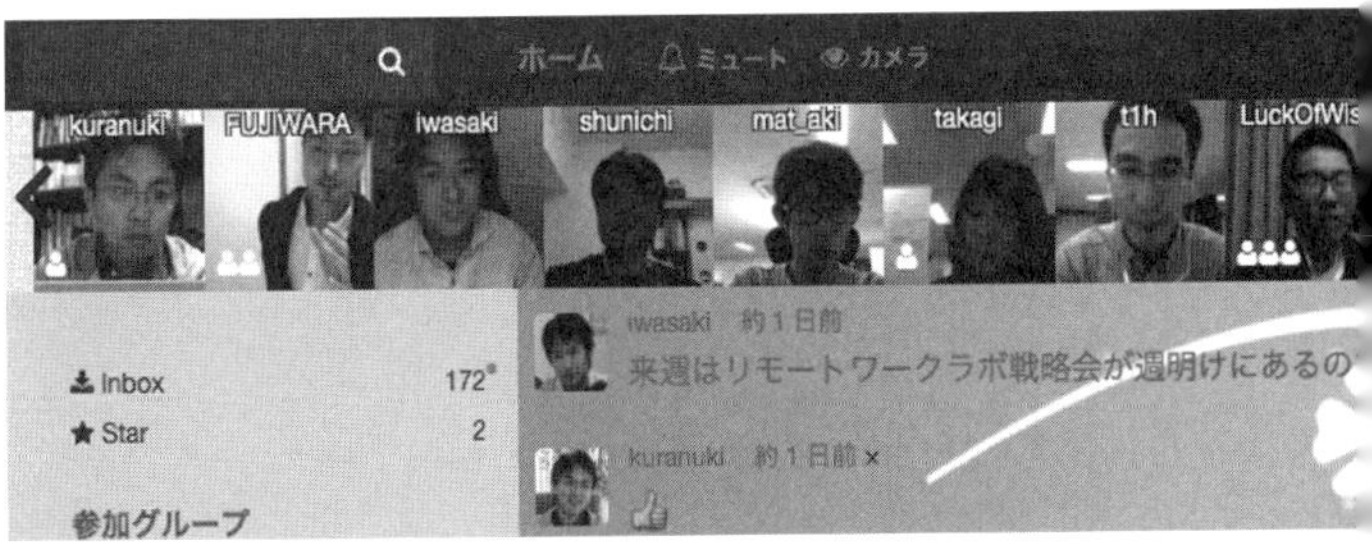

◆◆ただ今、リモートワークで「論理出社」中！
仲間の顔が見える「Remotty」の画面

2 「飲みュニケーション」がなくなっても大丈夫？

残念ながら、リモートワークをすると飲み会を通じた社内の懇親が減ってしまうのは事実です。第2章でも述べたように「リモート飲み会」もできますが、会社の帰りにちょっと一杯、というわけにはいかないのです。会社の仲間とお酒を飲むのが好きな人にとっては、少し寂しい状況です。

飲み会だけで信頼関係は築けない

とはいえ、それがないと会社がまわらないかというと、そんなことはありません。オフィスで働いていても、そこまでしょっちゅう飲みに行くことはないし、飲み会に参加しない人だっているでしょう。**飲み会や「飲みュニケーション」に頼ったマネジメントは危険**です。あくまで、仕事を通じて信頼関係を築いて、うまく連携できるようにマネジメントすべきです。それができた上での飲み会であれば、懇親を深めたり楽しむものにするのはよいことです。

社長である私もリモートワークをするようになって、社員との交流の場としての飲み会が減った分、それを補う他の手段を考えるようになりました。むしろそのほうが、リモートの社員もいるので公平になってよかったのです。

飲み会は、気軽な場所で気楽に会話をする場です。仕事や会社の話をすることもありますが、飲み会でそれを強制するわけにはいきませんし、それだけではつまらないでしょう。

気軽な雰囲気の中で真面目な話をする場は、飲み会とは別に、意図して用意するのです。

そうした場は、会議のようにアジェンダや議題があって結論を出すようなものではなく、とはいえ仕事と関係のない雑談を好き勝手にするものでもありません。そういう場はリモートでも実現できます。

リモート「ランチ会」とリアル「合宿」

私たちの会社では、「ランチ会」という形で、リモート同士で一緒に昼食をとりながら、日々の悩みや考えていることなどを話し合える機会を作っています。リモートのため、それぞれ自分で昼食を用意して、4~5人が画面越しのフェイス・トゥ・フェイスで話をします。飲み会と違って、ただ歓談し、発散して終わりではなく、前向きに励まし合うことにもなります。

そうした場の究極の形が合宿です。半年に1度ですが、そのときだけは全国から集まって夜通しで気楽に真面目な話をしています。そして、その合宿の打ち上げのタイミングで飲み会も開催します。タイミングとしてはたとえ半年に1度でも、実際に会って長い時間を共に過ごすことで、とても密度の濃い飲み会ができることに十分満足しています。

3

リモートワークでは新しいアイデアは生まれてこない？

オフィスに集まって一緒に過ごしている中で、なんでもない会話から新しいビジネスやサービスのアイデアが生まれる、ということがあります。そういう経験をした人たちは、リモートワークでは、そうした形での新しいアイデアの創出なんて難しいのではないか、と考えるかもしれません。

アイデアは雑談から生まれる！

果たして本当にリモートワークでは、そうしたアイデアが出てくるような対話ができないのでしょうか。目的とアジェンダの決まった打合せしかしないのならば、確かにそうかもしれません。特にオンラインのミーティングでは、用件が終わったらすぐに切断してしまうことが多いので、打合せの流れから雑談になることはほとんどありません。

思いもよらないアイデアが生まれるのは目的の決まった打合せの中ではなく、普段の仕事中の雑談からです。たとえリモートワークであっても、雑談のできる雰囲気を作り、普段から気軽に雑談にできるツールさえ用意すれば、オフィスと同じ感覚で、なんでもない話が盛り上がって、新しいアイデアが生まれやすい環境にすることができます。

離れていても同じ時間を過ごす

アイデアが生まれる雑談の瞬間は、物理的に同じ場所にいて、膝を交えて会話しなければ得られないものではありません。私たちの経験では、チャットでも同じことが実現できると感じています。**大事なのは同じ瞬間を同時に過ごすこと**です。メールのような形でのやり取りでは、アイデアの相乗効果は生まれにくくなります。少人数のメンバーでリアルタイムに掛け合いをしていくことで、一人では思いつかないようなアイデアを生み出すことができるのです。リアルタイムに反応できればチャットでも構わないのです。

私たちの会社での**新規事業や新しいサービスは、リモートワークをしているメンバーとの雑談チャットの中から生まれたものばかり**です。オフィスにいるから新しいアイデアが生まれるとは限らないのです。

4

「サボっていないか」をどうやって監視するのか？

リモートワークをすると決まって聞かれるのは、「サボる社員が出てきたらどうするのか」という話です。目の行き届かない場所で仕事をさせると、仕事をしなくなってしまうという心配をする〝抵抗勢力〟のマネジャーが結構いるのでしょう。

リモートワークを導入できる職業の多くは、パソコンを使っての仕事です。だから、たとえオフィスにいたところで、パソコンを使って仕事をしているとしたら、その人が本当に仕事をしているのかどうかは、いちいちパソコンの画面を覗き込んでみないとわかりません。抵抗勢力のマネジャー氏が言う「サボっている」かどうかは、じつは自分のデスクの前にちゃんと着席してるかどうかという程度の意味しかないのです。

サボるためにリモートワークを志望する人はいない

マネジャーにとっては、社員にただ席に座っていることを求めるのではなく、きちんと仕事で成果を出すことを求めるほうが本質的な仕事です。本来であれば、会社や経営者が管理しなければならないのは、言われた作業をしているかどうかではなく、成果が出ているかどうか、さらに言えば顧客が満足してくれているかどうかではないでしょうか。社員がきちんと働いていないから改善するというのではなく、顧客が満足していないから改善を図るということです。

リモートワークをする側からすると、働いている様子を周囲に伝えることができないことは承知していて、そのハンディを乗り越えるために成果を出そうと努めています。働いている姿勢が見えにくいことは重々承知の上で、**サボるためにリモートワークをしようという人はいない**でしょう。

「オフィスに顔を出す」ことが「仕事をする」ことではなくなる

私たちの会社では、在宅勤務のメンバーだけでなく、その他の全員が「オフィスに来なくてもよい」としたことで、全社員がより一層仕事に励むようになりました。「オフィスに来る」ことが「仕事をする」ことだという認識でいると、ともかくオフィスに足を運びさえすれば給料が出るものだと勘違いしてしまうのかもしれません。**「オフィスに来なくてもよい」というのは思った以上に大変なこと**です。

監視されなければサボる人たち、監視されないと安心しない人たち、そんな人たちでチームを組んだところで、リモートチームは実現することはできませんし、そもそもそんな人たちがオフィスに集まったとしても、大した成果を上げることなどできないのではないでしょうか。

5 リモートワークだと働きすぎてしまう？

リモートワークを始めると、サボるというよりも、むしろ働きすぎてしまうという問題が生じます。自宅でもどこでも仕事ができて、いつでも仕事ができるということで、時間があれば仕事をするようになってしまうのです。

オフィスで働くことの利点は、オンとオフの時間が明確に決まっていることです。会社にいる時間がオンで、それ以外がオフ、そして通勤の時間がその切り替えのスイッチになっている人も多くいることでしょう。

リモートでは「オン」と「オフ」があいまい

しかし、リモートワークで特に在宅勤務の場合は、通勤時間がゼロで、しかも仕事の途中で洗濯物を取り込んだり、子供の送り迎えをしたり、家族と夕食を食べてからまた仕事に戻る、といったように「オン」と「オフ」がいわば混在、あるいは融合した働き方が実現できます。

もちろん自分のペースで、ライフスタイルに合わせて仕事ができることのメリットもたくさんありますが、自分でコントロールが効かなくなってしまうのは問題です。会社がそこまでマネジメントすることはできないので、自分自身でオンとオフの時間のバランスを取って、切り替える必要があるのです。

そのバランスは人によってまちまちです。私たちの会社で言えば、きっちりとワークタイムを自分で決めて、毎日ほぼその時間にだけ集中して仕事を終えるというタイプもいれば、昼間は適度に自分の時間を取って、その分は夜間に仕事をするというタイプもいます。大事なことは、自分に合ったバランスを見極めてセルフコントロールすることです。

コントロールすべきは、**生活と仕事のバランスだけでなく、顧客の満足度と働きの成果のバランス**であり、こちらも大事なポイントです。

私たちの会社では、長時間働くことを美徳としていません。どれだけ短時間で高い成果を出すか、そのためにはどうすればいいかを、常に考えるように社員全員に求めています。そうしたカルチャーがリモートワークを支えています。

そもそも自分の働く時間をセルフコントロールできない人は、たとえオフィスで働いたとしても残業ばかりすることになりかねません。残業はオフィスにいれば目につくのでマネジャーが帰宅を促すこともできるけれど、リモートワークだとそれができないので働きすぎるということです。

だから働く時間を見えるようにしようというのは、あまり本質的な解決にはなりません。ここで考えるべきなのは、働きすぎを抑制するような管理を徹底することではなく、自分でバランスをとれる**セルフコントロールできる人材に育てる**ことです。

6 新入社員がいきなりリモートワークできるのか？

自分でワークスタイルを確立できるセルフマネジメントに長けた人材を揃えることが、リモートワークのチームにおいては重要ですが、誰しもが最初からセルフコントロールできるとは限りません。特に、社会人1年目の新入社員の場合、そのコントロールは難しいでしょう。

新人のリモートワークは〝NG〟

私たちの会社でも新入社員を採用していますが、社会人1年目からいきなりのリモートワークは禁止しています。入社1年目から数年の間は、ちゃんと毎朝オフィスに通勤して、10時から18時半という決められた時間はしっかりと働いて、基本的に残業はなしで帰らせるようにしています。

リモートワークを実現するには、**どこにいても成果が出せるということが前提**となります。時間や場所に縛られなくても、自分がもらう給与以上の価値を成果として出せて初めてリモートワークは成立するのです。入社して数年間は、労働時間以上の価値はなかなか生み出せないものです。その期間、まずはしっかりオフィスで働いてもらいます。

私たちの会社では、新卒で入ってからのその期間の社員を「弟子」と呼んでいて、彼らは先輩やＯＪＴ担当である「師匠」の仕事の手伝いをしながら、技術であったり仕事の仕方などを学びつつ、働く時間のセルフコントロールを身につけていきます。自分なりのオン・オフの切り替えのバランスを見つけるのも、この期間に学ぶことです。

徹夜で成果を出しても叱られる

弟子になると、まずは規則正しい働き方を身につけさせます。1年目から2年目あたりまでは朝会という形で、担当の師匠と一緒に毎朝決まった時間にミーティングを行って、前日にした仕事と、その日にする仕事の計画の確認をします。日々、計画と実績の差を確認していくことで、自分で時間をコントロールしていく術を身につけるのです。

特に念入りに指導を受けるのは、成果を出そうとするあまりに、なりふり構わず時間をかけようとしてはいけないということです。一所懸命に仕事をするのは大事なことですが、若いうちから「成果を上げるためならいくら時間をかけてもよい」という価値観を持ってしまうと、残業ばかりで成果の出せない人に育ってしまいます。**夜を徹して成果を出したとしても、次の日に師匠から叱られる**ようなこともありえます。どれだけ効率的に成果を出せるのかを身につけることで、仕事以外の時間は勉強するなど未来のための自己投資をする時間にあてることができます。

弟子を卒業する条件のひとつは、セルフマネジメントができるようになることです。オフィスで働かなくてもモチベーションを保てるような精神的な成長を果たしてから、リモートワークが認められるようになるのです。**セルフマネジメントとリモートワークはセット**です。セルフマネジメントの働き方ができるのであれば、あとはリモートワークでもオフィスワークでも構わないのです。

7
リモートワークが導入できない企業はどうなっていく？

リモートワークやリモートチームというと、とても特別な働き方のように感じるかもしれませんが、こうした働き方はこれからのスタンダードになっていく可能性が高いでしょう。リモートワークを実現するための環境はすでに整っているし、マネジメントの仕方についても、表面に現れる部分は違っていても、本質的にはこれまでと違いはありません。

そうしてリモートワークについての事例や情報が増えるにつれて、自分もリモートワークをしたいという人も増えてくることでしょう。そうなったとき、リモートワークができる企業かできない企業かが、求人上の大きな要素になります。求職者がどちらの企業を選ぶのかは明白ではないでしょうか。

私たちの会社へ応募してくる人たちの志望動機を見ていても、そのことを感じます。働き盛りの年代の人たちが結婚をして、子供ができたので地元に帰って子育てをしたいが、それでは今の仕事は続けられないので、リモートワークができる会社を探している――そうした人が少なくありません。

リモートワークは待ったなしの現実

若くて独身のうちは都会で働くほうが刺激もあっていいかもしれませんが、ずっと都会に住み続けるという人はこれから減ってくるのではないでしょうか。そうすると会社としてはせっかく育てて、「これから」というときに社員が会社を去っていくのを指をくわえて見ているしかなくなります。それでは会社としては厳しいでしょう。

リモートワークができない企業は人材を集められない時代が来るかもしれません。そう考えると、これからリモートワークを導入すべきかどうかではなく、どうやってリモートワークを実現するかを考えなければ生き残っていけません。

頑なに**リモートワークを拒否し続けていると、企業として淘汰されてしまう未来**もありえなくはない、ということです。

第7章 CHAPTER 7

リモートチームに至るまでの道のり

REMOTE TEAM

今となっては当たり前のようにリモートチームとして働いているかに見える私たちですが、最初からリモートワークを実施していたわけではありません。

リモートチームを作るためには前提となるマネジメントのスタイルやカルチャーなど様々な条件を整える必要があることは、これまで伝えてきた通りです。本章では、私たちの会社がどのようにリモートチームへと成長してきたのか、その軌跡を辿ります。

1

始まりは「海外で働きたい」という何気ない一言から

私たちの会社は、とある大手企業の社内ベンチャーからスタートしました。そのため、当時は母体企業のオフィスの会議室を一室借りきって、そこで全社員が働いていました。大手企業だったので、もちろんビルやセキュリティはしっかりしていましたし、社員は皆、やはり当たり前のようにオフィスまで通勤するワークスタイルでした。

そんな私たちが、社内ベンチャー時代から取り組んでいたことに「宣言大会」というものがあります。それは年末年始に開催する合宿の中で、メンバーが「この1年で○○をやってみたい！」という宣言して、それをみんなで応援するという取り組みです。そして、ある年の宣言大会で、メンバーの一人が「海外で仕事をしてみたい！」という宣言をしたのです。それを聞いたとき、最初は驚きました。

海外渡航ゼロ、リモート未体験からのスタート

詳しく聞くと彼の希望は、私たちと一緒の仕事を続けながら、英語の勉強のために生活の拠点を海外に移したい、というものでした。そうであれば、私たちとしてはその挑戦を押しとどめる理由はありません。むしろ応援したいと思ったのです。もしかしたら本人としては、そこまで会社を挙げて応援してくれるとは思ってもみなかったかもしれませんが、ともかくやってみることになりました。

ただ本人は海外旅行に行ったこともないような状態だったので、本人としてはどこの国にするのか、どうやって生活をするのか、いろいろと調べていました。私たち会社側としては、場所が離れた状態でもちゃんと仕事ができるのかどうか、それを事前に検証する必要がありました。彼の業務の内容はプログラミングが中心であるため、きっと場所にとらわれずに、どこにいても仕事ができるという想定はありました。

2 国内で在宅勤務を試した後の海外長期滞在

海外に行っても仕事ができるかどうかを試すために、まずは最初に在宅勤務をしてもらうことにしました。とにかく、会社に来なくても仕事ができるのかどうか、それを確認しなければいけません。東京の自宅で仕事をしてもらうのであれば、いざとなれば会社に呼び出すこともできるので、まずは2週間ほど在宅勤務を試しました。打合せをオンラインで行うことに最初は戸惑いもありましたが、それもすぐに慣れて、仕事をしていく上で何の問題もないことがわかったのです。

それならばと、次は、カナダのバンクーバーに3か月だけ行ってみるという挑戦を行いました。3か月だけなので、ある意味ちょっと長めの休暇くらいのもので、たとえもしリモートワークがうまくいかなくてもダメージは少ないだろうということで試してみることにしたのです。

とはいえ、彼にしてみると初めての海外渡航がいきなりの長期滞在で、かつリモートワークだったので、本人にとっては大きな挑戦でしたが、この3か月も何の問題もなく過ごすことができました。

「えっ？　彼は今、海外にいるの⁉」

私たちにとっての初めてのリモートワークは、顧客との打合せも、社内のメンバーとのコミュニケーションも、オンラインの会議ツールを使うことでストレスなく実現することができました。本人が気をつけていたことは、常にインターネットにつながっている環境を確保するということでした。

顧客とは、インターネット越しのやりとりを在宅勤務のときから続けていたので、カナダに行った当初は彼が海外にいることにさえ気づかないほどでした。

3

3・11東日本大震災を乗り越えて

ちょうど、その彼が3か月間のカナダ滞在中に起きたのが、2011年3月11日の東日本大震災でした。東京都内にオフィスを構えていた私たちも当然、その地震を体験することになりました。当時、私たちが働いていたビルは港区にあり、ビルの10階だったため、棚などの什器がすべて倒れるといった被害に遭いました。ただ社員の誰もが無事だったことは幸いでした。

地震の直後、多くの企業が業務を停止することになりました。通勤などできる状況ではなかったことや、通勤できたとしても業務ができる環境ではなかったからです。この震災以降、**震災対策としてのクラウドでのデータ管理**が注目されることになります。それまで自社でサーバーを保持してデータ管理していた企業も、クラウドのサービスに預けることで、よりセキュリティを高めて安全に管理しようという狙いです。

リモートワーク推進のきっかけ

私たちの会社は、自分たち自身がクラウドのサービスを提供する会社でもあったので、震災のずっと以前から、自社データはすべてクラウドに置いて管理するようにしていました。そして、カナダからのリモートワークをサポートするために、仕事のスタイルもオンラインで完結できるように整えていました。

その結果、私たちは震災の後しばらくは、無理をしてオフィスに通勤することもなく、在宅勤務で家族のそばにいながら仕事を続けることができました。やはり業務はある程度は滞るかと思いましたが、全員がリモートワークをするという覚悟を決めて仕事に取り組んだことで、まったく滞りなく進められたのです。そのことは私たちにとって、大きな意識を切り替える機会になりました。

4

アイルランドを仕事の拠点にヨーロッパを旅する1年間

震災以降は、私たちにとって「オフィスに行くことが仕事をすること」という認識から、「オフィスにいるかどうかに関わりなく、自分が仕事をするんだと決めた時間が仕事の時間になる」という認識に変わっていきました。オフィスに行くのは、自分のワークスペースとして便利だから行くだけで、必ずしも毎日同じ時間に、同じ場所に座っている必要などないと気づいたのです。

そして、カナダでの3か月を終えて帰ってきた彼も、しばし日本滞在をした後、本格的な長期滞在地となるアイルランドへ旅立っていきました。ワーキングホリデー制度を使い、アイルランドの首都ダブリンに1年間の滞在をするのです。この時点で、カナダでの経験を積んでいたこと、チーム全体がすでにリモートワークへの抵抗感を持っていなかったこともあり、不安はさほどありませんでした。

国境なきリモートワーカー

アイルランドと日本のリモートワーク――普段の業務は予想通りになにも滞ることなく過ごすことができました。しかし、ひとつだけ忘れていたことがありました。それは、日本との時差が9時間もあるということでした。一人でする開発の仕事は時差があっても大丈夫ですが、打合せだけはそうはいきません。そこで、アイルランド側は早朝に、そして日本側は夕方以降に時間を調整することで、なんとか無事に打合せもこなせるようになりました。

このように彼は、早朝から仕事をすることになったわけですが、よいこともありました。早朝から働くと、だいたい昼には1日の仕事が終わってしまうのです。そうすると午後からは自由時間となって、様々なところに行くことができたのです。特にEU圏内は旅行しやすくなっているので、午後から旅をしたり、時にはパソコンを携えて旅先で仕事をするといったこともしていました。まさに**「国境なきプログラマー」**です。

5

起業を機に働くことの意味を再確認

彼がヨーロッパを旅しながらリモートワークを実現している一方で、日本側では会社として大きな変化がありました。大手企業の社内ベンチャーだった私たちは、その立ち上げから2年半の時を経て、正式に株式会社として独立を果たすことになったのです。

しかも、当初社内ベンチャーとして所属していた会社とは資本関係もなく、完全な独立をしたのです。アイルランドのメンバーを含めて5人での独立でした。

私と一緒に独立してくれた全員が創業者で、5人の間に雇用や被雇用の関係はありません。そのため、自分たちの給料は、自分たちが稼ぐことでしか得られない状況になったのです。そうすると、これまで以上に働くことの意味を深く考えるようになりました。

仕事はオフィスにあるのではない

それまでも、どこにいても、いつであっても仕事をするという意識を持っていましたが、よりいっそう**オフィスと仕事を切り離して考える**ようになったのです。オフィスにいようが、どこにいようが、しっかりと仕事をして成果を出さなければ、自分たちが食いっぱぐれることになるのですから。

そんな意識の切り替えがあった私たちにとって、いつでも、どこでも働けるというリモートワークは、むしろ自然なことでした。時間や場所にとらわれずに働ける環境があるということはよかったと思えました。

6

初めての中途採用で、在宅勤務を希望する応募者が

株式会社として独立を果たしてから取り組んだことのひとつが、採用活動でした。会社として少しずつでも成長していくためには、優秀なメンバーに参加してもらう必要がありました。そこで、私たちがとった戦略のひとつが、**居住地など場所にとらわれない採用をする**ということでした。

メンバーの一人が、アイルランドで1年もの間、リモートワークをしてきた経験から、日本のどこにいても一緒に働くことができるという自信がついたのです。そして、今や大企業傘下にあるのでもない、起業したばかりの一ベンチャーである私たちの会社に優秀なメンバーを迎えるためには、なるべく制約条件を外したいと考えたのです。優秀でさえあれば、場所にこだわらずに採用できることが強みになると考えました。

リモートワークの求人に応募者がいた！

採用活動に初めて応募してくれたのは、なんと兵庫県西脇市という関西でも都心から少し離れた地域の在宅勤務希望者でした。

「在宅勤務もＯＫ」と募集要項には書いたものの、本当にリモートワークを前提に応募があるのかと不安もあっただけに、最初は少し驚きはしましたが、アイルランドと違って時差のない国内なら大丈夫だろうと進めることにしました。

応募者の彼は、すでに西脇市にマイホームを購入しており、自宅で奥さんがパン屋を開業しているということで、引越しはもちろん、単身赴任もできない状態でした。ただ、会ってみると非常に真面目で熱心、そして優秀だったこともあり、お互いにしっかりと時間をかけて判断したのち、初のフル在宅勤務の社員として採用することになりました。

7 信頼関係を築くための「合宿」と「半単身赴任」

そうして、フル在宅勤務を前提とした社員を採用することになりましたが、さすがに私たちにとっては未知の領域ということもあり、入社するメンバーと既存のメンバーで信頼関係を築くために、いくつかの取り組みを始めることにしました。

一つは入社するタイミングで、既存のメンバー全員が、中途入社メンバーの住む兵庫県まで合宿に行ったことです。私たちの会社では半年に1度は合宿をしているのですが、その合宿場所を新メンバーの居住地の近くにしたのです。

「リモートだからこそ」の取り組み

合宿開始前のランチには奥様にも参加してもらって、メンバー全員を紹介しました。これから**一緒に働く人たちを知ってもらうことで、オフィスには通勤しなくとも、共に働く**

仲間がいるとわかって、安心してもらえるのではないかと考えたのです。

また、フルタイムの在宅勤務を開始する前に、オフィスで一緒に仕事をする体験をしてほしいと考え、2~3週間おきの単身赴任を3か月ほどしてもらうことにしました。言うなれば、住み込みの修業みたいなもので、一緒に働くことで会社の文化に慣れてもらうことと、在宅勤務に必須のセルフマネジメントを身につけてもらうことにしたのです。そうした取り組みも功を奏して、在宅勤務でのリモートワークを非常にスムーズに実現することができました。

この西脇市でリモートワークを実践しているメンバーは、今もリモートワークを続けていて、自身のブログ（http://blog.jnito.com/）などでリモートワークに関する情報発信をしており、今ではリモートワークの実践者として世間の注目を集めるまでに至っています。

8

リモートワークを前提とした採用を広げる

リモートワークのメンバーがいることで、オフィスにいるメンバーもリモートワークをしやすくなりました。

オフィスのメンバーも、必ずしもオフィスでなければ仕事ができないというわけではないので、前述のように、帰省の時期などは混雑する時期を避けて、前後に大幅に期間を取って帰省することもあります。休み明けは、そのまま実家にいて仕事をするメンバーもいますし、子供がまだ小さいメンバーは、家族のサポートのために自己判断で在宅勤務にすることなども日常茶飯事です。

そうして、徐々にリモートワークに対する抵抗感もなくなり、セルフマネジメントができるメンバーだけで構成されるようになって、リモートチームとしての安定感も増してきました。

2人目の在宅勤務者を採用する

そうした中、2人目のフルタイム在宅勤務のメンバーを採用することになりました。次は岡山県からのリモートワークです。

2人目ということもあり、私たちにリモートワークに対するノウハウが蓄積されてきたこともあって、1人目のときほどの大袈裟な取り組みはせずに、最初からいきなりリモートワークでいくことにしました。リモート側の本人の資質も、ウェブ技術を使ったオンラインでのコミュニケーション能力が非常に高かったこともあって、非常にスムーズに馴染むことができました。

その頃には、私たちのコミュニケーションも、基本的にオンラインのツールを前提とするカルチャーになっていたことも、うまくいった要因だったと思います。

9
存在感と気軽な雑談を実現する
Remottyの開発

リモートワークのメンバーが一人だったときに、社内のコミュニケーション上の問題を解決する手段のひとつは、Skypeなどのオンラインの音声通話を仕事中はつないでおく、というものでした。そうすると、実際は近くにいなくても声を掛ければやり取りができますし、オフィスで行われている雑談の様子も聞けるので、孤独感も軽減されます。

それはある程度は機能していたのですが、2人目のフルタイムでのリモートワークのメンバーが登場してからは難しい問題が生じました。

組織や環境の変化によって必要なツールは進化する

リモートの2人とオフィスを加えた3箇所で音声通話を常時接続しておくと、話し声が混線してしまうのです。また、会社の人数が増えてきたことから、オフィスを移転して広いところに引越しをしたのも同じ時期で、そうなると音声を拾うことも難しく、常時接続については考えを改める必要が出てきました。

様々なツールを試してみましたが、リモートワークでもチームワークを重視するような私たちにぴったりのツールがなかったことと、私たち自身がそういったツールを作る技術力があったことから、自分たち自身が使うものを自分たちで作ることにしたのです。

そうして誕生したのが、先にも紹介した「Remotty《リモティ》」というツールです。

10

セルフマネジメントができる人材とフラットな関係のチーム

この頃になると、私たちも会社を立ち上げて3年以上が経過していて、自分たちなりの経営スタイルが見えてきました。

私たちが目指すのは**急成長することよりも、持続していくことを大事にする**会社であり、大企業になるのではなく、人数は少なくても**信頼関係で結ばれた組織**になるということです。

そして、メンバーにはそれぞれがセルフマネジメントができる人材を揃えて、指示・命令や管理を極力なくしたフラットな関係を保ちつつ、自律型で成長していけるようなチームを目指して経営を進めてきました。

もちろん、それは**一匹狼の集まりではなく、互いにリスペクトし合い、困った時には助け合えるようなチーム**です。

リモートワークと相性のよい経営スタイル

私たちはリモートワークを直接目標にしてきたわけではありませんが、こうした経営のスタイルとリモートワークは非常に相性がよかったのです。そして、リモートチームだからこそ、よりメンバー同士の交流や絆といったものを大事にするように心がけていて、それもよい相乗効果を生んでいたのかもしれません。

11 社長が自らリモートワークを実践する

リモートチームとしての最後の仕上げは、社長である私自身もリモートワークをするようにしたことです。もともと、社長がずっと現場に出なければならないような経営はしておらず、社内の打合せをすべてオンラインでするようにすれば、オフィスに行かなければならないのは、来客や取材などの対応だけになりました。

社員とのコミュニケーションは、すでにオンラインのチャットで普段から会話をするようになっていたので、ただなんとなく社長はオフィスに行くものだという固定観念で通勤していたに過ぎなかったのです。

極力オフィスに行かないワークスタイル

そこで、ある時から私自身もリモートワークで働くという宣言を行って、極力はオフィスに行かないというワークスタイルを実践し始めました。

リモートワークを自分でやってみて気づいたことは、圧倒的に時間を上手に使うことができるということでした。**ライフスタイルとワークスタイルがうまく噛み合う**形になることを、まさに実体験したのです。

一方で、リモートワークをする側が多少の情報のハンディキャップを持っていたことにも気づきました。

そこで始めたのが前述の「**社長ラジオ**」です。毎朝5分の音声メッセージを全社員のスマートフォンに配信して、私が見ている会社の様子やこれからのビジョンなどについて伝えるようにしました。

このように、社長自身がリモートを前提にした取り組みをするようになったのです。

12 リモートワークが多数派になる未来の会社

社長である私がリモートワークをするようになって、むしろ以前よりもメンバー全員との距離が近くなったように感じています。

オンラインでは物理的な近さも遠さもないので、フラットに誰とでも絡むことができるからです。オフィスだと、どうしても物理的に近くにいる人に声をかけてしまいがちですが、全員がリモートだとそういうこともありません。

リモートチームを続けてきた私たちにとって、リモートで働くこととオフィスで働くことの違いはなくなりました。

おそらく、多くの日本人にとって「会社」というものをイメージするとき、オフィスを思い浮かべることでしょう。しかし、私たちにとっての会社とは、一緒に働く仲間であり、仲間とともに仕事をすることをイメージするようになりました。

本質的な「会社」の姿とは

そうして改めて考えてみると、**会社と聞いて思い浮かべられる仲間がいることこそが、本来の「会社」というもの**だったのではないか、と思えてきます。オフィスという箱があって、雇用契約を結んでそこに入ったから仲間になるのではなく、そもそも「人と人の絆の一つの形」が会社だったのです。リモートチームという考え方が広がることで、より本質的な意味での「会社」が増えていくのではないでしょうか。

おわりに

リモートチームは働き方の選択肢を広げる

チームとしてのリモートワークを推進してきてよかったことはたくさんあります。リモートワークをする側としては、通勤にかかっていた時間がなくなることで、自分の時間の使い方の選択肢が増えました。リモートワークを受け入れる会社側としては、全国各地にいる優秀な人たちを仲間として迎えることができて、採用の選択肢が増えました。

リモートチームを始めたことで、物理的な制約がなくなって様々な場面で選択肢が大きく広がった自由度を感じています。オフィスで働くワークスタイルは、出勤すればオン、退勤すればオフとなっていて、オンとオフの切り替えが1日に一度しかなく、柔軟性が足りませんでした。

それがリモートワークを始めたことで、在宅勤務をしていれば昼食は家族と一緒にとったり、仕事の合間に家事をしたりするように時間の使い方が変化しました。オンの時間とオフの時間をうまく組み合わせることができるようになったのです。このことは、もしかしたら今は介護や子育てなどの理由で、働きたいと思っても働けない人たちにとっての選択肢になるのではないか、と考えられます。

何かしらの事情があって長い時間を働くことができない人にとって、今は時短勤務などの選択肢がありますが、その際には通勤が大きな足かせになりがちです。その通勤にかかる時間を働く時間にあてられるとよいし、オンとオフの切り替えをもっと短い単位で刻めるようになれば、これまで以上に働きやすくなるのではないでしょうか。

これまでも在宅勤務といった働き方はありましたが、それは一人きりで働くことになりがちでした。人は社会の中で生きる動物で、ずっと一人で働くというのは辛いものです。やはり誰かと一緒に協働していくことに楽しみを覚えるものです。そこで、働く場所に縛られることなく、しかしチームの一員として働くことができるワークスタイルが本書で紹介した「リモートチーム」なのです。

リモートチームによって、好きな人と、好きな場所で、好きな時に働けるようになります。リモートチームは「物理的に会う」ことをしないだけで、オフィスで働くように顔と顔を合わせて意見交換し、ワイワイガヤガヤと働くことを実現します。それに必要なのは、チームワークの本質を捉えつつ、柔軟な考え方を取り入れたマネジメントです。本書ではそうした新しいマネジメントについて紹介してきました。

なぜリモートチームを広めたいのか？

リモートチームが広まることで、前向きに楽しく働ける人が増えるのではないか、と考えています。場所に縛られているせいで、本当に働きたい人が働きたい会社で働けずに不幸になっているのだとしたら、社会全体にとっての損失です。リモートワークが定着すれば、会社側も、優秀な人材がいても通勤が足かせになって採用できないということもなくなり、地方に戻るからといって会社を辞めてもらう必要もなくなるのです。

人が楽しく働くために必要なのは、高い報酬が得られることよりも、好きな仕事をすることや、信頼し合える仲間がいて良好な人間関係が築けていることです。もちろん報酬もモチベーションの一つかもしれませんが、それによって働くこと自体が楽しくなるものではありません。リモートチームなら、好きな仕事、好きな仲間を選ぶ時の制約をなくしてくれます。

日本がまだ高度成長していた時代ならば、働けば働くほど市場は拡大し、企業は成長していましたから、個々人の生活も向上させる余地がありました。だからこそ定年退職までずっと働き通しだったとしても、引退してから好きなように遊ぶのを楽しみにするということで希望を持つことができました。

しかし、これからの人口減少社会においては、ずっと働いていかなければいけない状況になる可能性が大きいのです。ずっと働くのであれば、好きな仕事を選び、好きな場所に住み、好きな人たちと働けたほうが幸せだと思います。リモートチームが、そのための選択肢を広げてくれます。

また人口が減って高齢化していく社会においては、頭数で勝負をしないような職業の人口が増えると考えています。コンサルタントや弁護士、プログラマーやデザイナーなどのナレッジワークやクリエイティブワークの仕事です。そうした仕事の特徴は、上司や経営者よりも現場で働く人のほうがすべてにおいて詳しく得意なため、指示命令のマネジメントが有効に働かないということです。

そこで有効なのはセルフマネジメントができる人材でチームをつくることです。そして、そうしたセルフマネジメントができるチームとリモートチームの相性は非常によいのです。リモートチームの考え方を広めることで、これから増えていくナレッジワークやクリエイティブワークのチームの生産性を上げていくことができるのです。

リモートチームから考えるマネジメントの本質と働き方の未来

リモートワークもリモートチームも物議を醸しやすいテーマです。これまでにない新しい働き方なので、実践してみると、うまくいくことも、うまくいかないこともあるでしょう。そうして賞賛も批判も出てくるでしょうが、それでこのワークスタイルがなくなってしまうことはないでしょう。逆に、リモートチームが普及したからといって、すべての働き方が同じようになるわけでもありません。

ただリモートチームが広まっていくことで、場所や時間の制限にとらわれずに、本当に働きたいと思える人たちが一緒に働けるようになる。そして職住近接によって、生活のためだけに仕事を選ぶのでもないし、仕事ばかりで家族との時間を犠牲にすることもない、どちらかを犠牲にすることのない、ゼロイチではない新しいワーク・ライフ・スタイルが実現できるようになる。それで幸せになれる人が少なからずいるはずです。

そうしたビジョンのもと、そんな未来に向けてできることは何かといえば、自分たち自身で誰よりも先駆けて実践していくことだと考えて、私たちはリモートワークとリモートチームに取り組んでいます。本書では、そうした思いで私たちが経験してきたことの一部をお伝えしてきました。

本書を通して読んでいただくと、リモートチームやリモートワークというものは表面に現れてきているもので、その背景には会社やチームのあり方の変化、そのマネジメントの変革があることがおわかりいただけると思います。その新しいマネジメントのスタイルは、セルフマネジメントできる人材で構成されたフラットな組織、ヒエラルキーや組織図に頼らないマネジメントでした。

もしかしたら、そんなマネジメントは自分たちの組織では難しいと感じることもあるかもしれません。それはそうで、誰もがそれぞれ違う文脈や環境、ビジネスや会社の中で働いているわけで、そのまま適用することは難しいし、それでは意味がありません。大事なことは、自分たちにあったワークスタイルを考え抜き、自分たちのマネジメントを追究していくことです。

リモートワークやリモートチームという言葉に振り回されることなく、自分たちが理想とするマネジメントとワークスタイルを追究し、その本質を捉えたマネジメントをすることで、これから先の時代の変化にも適合していくことができるのだと思います。本書が読者の皆さんの働き方のビジョンを考える上での一助になれば幸いです。

◆　◆　◆

本書の執筆にあたり、日本実業出版社の編集部には大変お世話になりました。

そして前著『「納品」をなくせばうまくいく』を読んでくださった皆さんがいたおかげで、2冊目の本を出すことができました。ありがとうございます。

ソニックガーデンの仲間たちがリモートチームを実践してくれたことで、本書に書けるようなノウハウを得ることができました。ありがとう。

最後に、在宅勤務にもかかわらず仕事や執筆ばかりしている私のわがままを許してくれ、いつも応援してくれる妻と愛犬に心より感謝します。

著者

倉貫義人（くらぬき　よしひと）

1974年京都生まれ。株式会社ソニックガーデン代表取締役。1999年立命館大学大学院を卒業し、TIS（旧・東洋情報システム）に入社。エンジニアとしてキャリアを積みつつ、「アジャイル開発」を日本に広める活動を続ける。2005年に社内SNS「SKIP」の開発と社内展開、その後のオープンソース化を行なう。2011年、自ら立ち上げた社内ベンチャーをMBOによって買収、株式会社ソニックガーデンを創業する。「納品のない受託開発」というITサービスの新しいビジネスモデルを確立し、業界に旋風を巻き起こす。著書『「納品」をなくせばうまくいく』（小社刊）は多くのエンジニアの共感と話題を呼び、2014年「ITエンジニア本大賞・ビジネス書部門」大賞を受賞。ビジネスとソフトウェア開発に関するブログ「Social Change!」を更新中。http://kuranuki.sonicgarden.jp/

マネジメントの〝常識《じょうしき》〟を変《か》える新《あたら》しいワークスタイル

リモートチームでうまくいく

2015年12月20日　初版発行

著者　倉貫義人　©Y.Kuranuki 2015

発行者　吉田啓二

発行所　株式会社日本実業出版社　東京都文京区本郷3－2－12 〒113-0033　大阪市北区西天満6－8－1 〒530-0047

編集部　☎03－3814－5651

営業部　☎03－3814－5161　振替　00170－1－25349

http://www.njg.co.jp/

印刷／壮光舎　製本／共栄社

この本の内容についてのお問合せは、書面かFAX（03－3818－2723）にてお願い致します。

落丁・乱丁本は、送料小社負担にて、お取り替え致します。

ISBN 978-4-534-05342-8　Printed in JAPAN

日本実業出版社の本

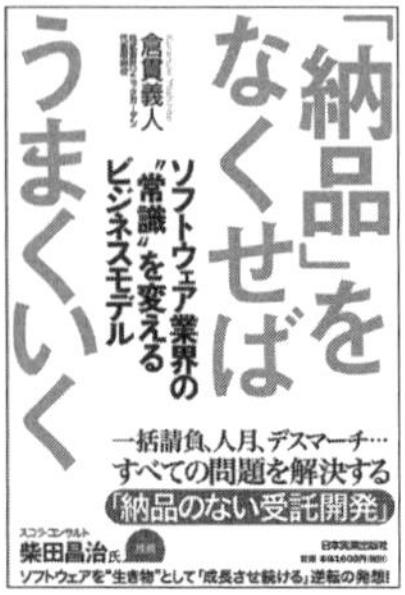

ソフトウェア業界の〝常識〟を変えるビジネスモデル

「納品」をなくせばうまくいく

倉貫義人
定価 本体 1600円(税別)

デスマーチ、人月といった労働集約型のソフトウェア開発に「納品のない受託開発」というビジネスモデルを導入したSEの経営哲学。顧客とSEをともに幸せにする実践的手法を説くロングセラー。

49のトラブルから学ぶプロジェクト管理術

なぜ、システム開発は必ずモメるのか?

細川義洋
定価 本体 2000円(税別)

システム開発ではわずかな認識のズレから、訴訟や巨額損失に発展しかねない。エンジニアと企業のIT担当者向けに、トラブル解決法と事前対策をストーリー形式で解説した画期的な本。

「少し先の未来」を予測する

クックパッドのデータ分析力

中村耕史
定価 本体 1500円(税別)

蓄積された「検索データ」は宝の山だった！ 30代の若いビジネスマンが完成させたデータ分析サービス「たべみる」。年商1億円の事業に成長した経緯とデータ分析をビジネスに活かす実例を紹介。

定価変更の場合はご了承ください。